나는 길을 잃고 길을 찾지

# 나는 길을 잃고 길을 찾지
(67년생 여자 사람의 성장 일기)

## 목차

| | |
|---|---|
| 프롤로그 | 9 |
| 질문을 시작하고 삶이 변했다 | 17 |
| 바다 위에서의 일주일 | 26 |
| 나의 알바 히스토리 | 35 |
| 닭다리는 맛있다 | 45 |
| 선희 | 55 |
| 미운 사람의 장례식 | 67 |
| 체념 안할래요 | 78 |
| 마쓰야마에서 산책할래? | 93 |
| 가깝고 먼 | 101 |
| 우리는 길을 잃고 길을 찾지 | 113 |
| 모르는 여자들 | 122 |
| 술꾼 도시 여자 둘 그리고 나 | 131 |
| 애월 바다를 그리다 | 140 |
| 넙죽 받아먹었다 | 147 |
| 오늘의 재미를 내일로 미루지 않기 | 153 |

## 프롤로그

사방이 온통 어두웠던 날들이 있다. 결국 나는 아무것도 되지 못하겠지. 늙고 병들고 이 세상에서 사라지겠지. 오직 자는 듯 죽는 것만을 소망하면서 살겠지. 잠들기 전, 내일 아침이 없기만을 바라면서. 나의 이야기는 거듭해서 비극이 이어지다가 비극으로 끝나겠지.

어머니 자궁 속에서 태아로 지내는 시기는 열 달이다. 태어나서 학교에 들어가기 전 영유아기는 칠 년. 아동기와 청소년기를 합해도 십이 년이며 청춘은 순식간이다. 중년과 장년을 거쳐 노년기에 다다르면 너무 많은 날이 남는다. 평균 수명이 점점 높아지는 요즘, 가령 내가 백 년을 산다고 가정하고 예순 살부터를 노인이라 일컫는다면 환갑이 코앞인 나는 무려 사십 년을 노년기로 살아야 한다. 사회도 가족도 심지어 나조차 나를 노인으로 지칭하는 것은 당혹스럽다. 주어진 시간은 많고 기회는 좁아지고 몸의 기능은 차츰 약해지는 나는 앞으로 어떻게 살아야 하지.

일자리를 기웃거리기도 했다. 노인 일자리는 고령의 노인들에게 제공되었고, 대부분의 일자리는 60살 이하로 제한된다. 반찬 가게 앞을 지나다 문 앞에 써 붙인 구인 광고에 나이 60세 이하라고 적혀 있어 친구에게 '얘, 우리는 이제 반찬 가게에서도 안 써줘.'라며 의기소침했던 적이 있다.

한쪽에서는 나이가 많아서 다른 한쪽에서는 덜 나이가 많아서 그야말로 이쪽저쪽에 낀 60살 전후의 사람들은 그저 시간이 흐르기를 그래서 완전한 노인이라 불리기를 그저 기다려야 하나. 아니면 이제 백 세 시대이니 60대를 중장년기에 포함시키라는 국민 청원이라도 해야 하나.

자원봉사 일자리는 넘쳤다. 찾아 보면 ,교통비 정도를 지원받는 사회 공헌 일자리도 있다. 사회를 위해 헌신하는 자원봉사를 폄훼하는 것은 아니지만, 오히려 자원해서 타인을 돕는 일이 사회에는 꼭 필요하지만, 무보수 일을 오랜 기간 했던 나는 더 이상 무보수

인력으로 살고 싶지 않다.

나의 지난날은 시시하고 진부하다. 비슷한 모양의 불행과 행복과 고통과 우울함이 변주하며 되풀이된다. 어린 시절, 숱하게 읽은 동화책에서 학습된 판타지 때문이었을까. 무능한 자신을 다른 세계로 데려가서 행복하게 해줄 왕자를 기다리던 수동적인 공주들. 죽음이나 감금 상태에서조차 입맞춤 한 번에 눈을 뜨고 처음 본 왕자를 따라나서는 공주들. 나는 그녀들처럼 하염없이 기다렸다. 누군가 지옥 같은 삶에서 구출해 주러 오기를. 얼굴도 모르는 왕자를 기다리다가 애매하게 나이 든 50대 후반 아줌마가 되었다는 슬픈 이야기.

그렇지만 이 이야기는 비극으로 끝나지 않고 새로운 반전이 전개된다. 끝을 맺은 이야기의 속편이라고 할까. 심지어 속편이 더 짜릿하고 극적이며 캐릭터는 성장한다. 속편은 왕자를 기다리다 지친 아줌마가 '왕자가 나를 구하러 오지 않으니 그럼 내가 나자신을 구해야겠다.' 결심하고 무기를 구하러 세상으로 뛰쳐나오며 시작된다.
처음에는 두려웠지만, 앞으로 나아갈 때마다 등불처

럼, 징검다리처럼 손을 잡아주거나 돕는 지원군이 선물처럼 등장한다. 다음 퀘스트로 넘어갈 때마다 점점 더 다양한 아이템을 장착하고 단단해진다.

두렵지 않다면 거짓말이다. 나는 겁이 많고 체력이 약해 쉽게 지친다. 그렇지만 등 뒤의 문은 닫고 나섰기에 되돌아가는 길은 끊겼다. 주저앉아 엉엉 울기도 하지만, 손등으로 눈물을 쓱 닦은 다음 일어나서 그냥 앞으로 계속 가는 수밖에 없다. 전력으로 질주하다가 숨이 차오르면 속도를 줄이고 느릿느릿 걷기도 하고 쉬엄쉬엄 꽃놀이도 하면서 풀숲에 떨어진 행복의 알갱이도 주우며 길을 찾아간다.

왕자 없는 공주, 아니 왕자 없는 아줌마가 주인공이다. 글쓴이로서 미리 스포하자면, 속편이 훨씬 더 재미있다. 또 한 가지 사실을 스포하자면 왕자 없는 아줌마 이야기가 끝나면 왕자 없는 할머니 이야기가 계속 이어진다. 주인공은 속편의 속편을 거듭하며 씩씩하고 입체적인 캐릭터로 성장할 것이다.

## 질문을 시작하고 삶이 변했다

수업 시간에 질문을 하지 않는 어린이가 있다. 선생님과 눈이라도 마주치면 어쩌나 겁먹고 책상 위만 뚫어져라 쳐다보던 어린이. 윗사람이 시키는 대로 하는 어린이. 선생님이 잠시 자리를 비우며 떠들지 말라고 하면 절대로 떠들지 않던 어린이. 문제를 일으키지 않는 어린이. 숙제를 거른 일이 없는 어린이. 질문이 없던 어린이는 자라서 질문이 하지 않는 어른이 되었다. 한 가지 문제에 대한 정답이라고 배운 단 한 가지를 그대로 달달 외우는 어른이 되었다.
내 이야기이다.

어른이 되어서도 질문하지 않으니 궁금한 것도 욕망도 없다. 남들처럼 몇 살에 결혼하고 남들처럼 첫째를 낳고 남들처럼 둘째를 낳고 남들처럼 자녀를 양육하고 남들처럼 비슷비슷한 학원과 예체능 교육을 시켰다. 20년 넘게 이어지는 길고 긴 양육이 끝나고 자녀들이 마침내 성인이 된다. 그러면 이제 그 자녀들의 취업과 결혼 문제가 새로운 숙제가 된다. 그 숙제가 마지막은 아닐 것이다. 그것이 내가 이제껏 살아온 삶이고 어쩌면 내가 앞으로 살게 될 삶이리라. 살면서 학습된 모든 것들, 보편적이고 전형적인 성역할이나 규칙, 생애주기별 삶의 모습까지. 누군가가 나를 대하는 태도라든가 내가 타인을 대하는 방식까지 당연하다고 배운 것은 당연하다고 받아들였다.

어머니가 밥상을 차릴 때 아버지의 밥을 먼저 푸고 그다음 남동생의 밥을 푸는 것이 당연했다.
시가에서 밥을 먹을 때, 남성들이 밥을 다 먹고 일어난 후, 대가리와 내장만 남은 조기가 놓인 밥상에서 여성들이 밥을 먹는 것이 당연했다. 새로 지은 밥은 남성들 밥상에 올리고 찬밥을 전자레인지에 데워 먹는 사람은 여성들이다. 당연한 일이니까 당연했다.
아들이 낳은 아들은 소파에 앉아 티브이를 보는 것이 당연했고, 아들이 낳은 딸은 행주를 들고 상이라도 닦아야 한다. 왜냐하면 그게 당연하니까.

명절이면 시가에 머물며 음식을 장만하고 차리고 치우고를 며칠이나 반복해서 하는 것과 친정에는 점심 한 끼 먹으러 가는 것도 먼저 나서지 못하는 것, 친정 부모가 사위 눈치를 보며 어려워하는 것도 당연하다고 생각했다.

돈 벌어오는 가장은 중요하고 힘 있고 가장 서열이 높은 사람이니, 가장 좋은 음식은 그의 몫이라는 것도 당연했다. 아픈 아이를 업고 응급실로 뛰거나 일주일씩 병원에서 독박 간병하는 것도, 당연했다.

당연하다고 받아들이고 살았지만, 진심으로 수긍한 것은 아니다. 부당하다는 생각이 불쑥불쑥 치밀어 올랐다. 그렇지만 내가 당연하다고 인정하는 척 위장하면 나를 둘러싼 세계는 더없이 평화로웠다. 그 세계에서는 남성의 서열이 여성보다 위였고, 남성의 노동이 여성의 노동보다 더 가치 있었으며 여성의 원가족은 남성의 원가족보다 덜 중요하다. 그렇기에 여성은 자신의 원가족을 배우자의 원가족보다 덜 신경 써도 문제없다. 어차피 딸은 시집가면 남의 식구이기 때문에 아들을 낳아야 하며 그래서 내 이모는 딸 다섯을 낳은 후에 기어이 아들을 얻었다. 여성은 죽어서도 시가의 귀신이 되어야 하며 처가와 변소는 멀면 멀수록 좋다라는 여성을 억압하는 말들을 들으며 살았다.

내 위 세대를 원망하기에는 그들 역시 그런 세계에 순응하며 살아왔다. 그 당연함의 역사는 유구하다. 여성은 남성의 갈비뼈로부터 생겼고, 올케는 '오라비의 여자', 남성인 오빠에게 속한 여자이며, 시댁은 있고 처댁은 없다. 고을 원님들은 싹 다 남성이고 여성들은 죽어 소복 입은 귀신이 된 후에도 남성을 찾아가 자신들의 원통함을 풀어놓는다. 힘 있는 남성에게 대신 원한을 갚아달라고 한다. 일부다처제는 지금도 공공연하지만, 한 여자가 여러 남편과 사는 경우는 흔치 않다. 물론 합법적인 것은 아니지만, 종종 유명인인 남성의 처와 첩의 존재가 공개되기도 한다. 대학 시절, 내 친구의 아버지도 어머니 외에 첩이 있었다. 그 고백이 크게 놀랍지도 않았던 것 같다. 아, 그렇구나 이 정도의 반응을 보였던 것 같다.

세상의 이치가 변함없이 당연한 것은 아니라는 것을 알게 되자, 질문이 쏟아졌다. 세상이 원래 불평등하고 부조리한 것이 진실이라며 당연한 것 아니냐고 포기하면 되는데 자꾸 억울해졌다. 개인의 선택권 없이 주어진 성별로 인해 정해진 역할과 의무는 영원히 당연한가.

왜 나만 참아야 하느냐, 왜 나만 견뎌야 하느냐, 억울함을 토로할 때마다 원래 그렇다고 한 사람이 있다. 원래 여자가 참아야 한다고. 그래야 집이 조용하다고. 원래 그렇고 원래 당연한 일도 없고 견고하게 고정된 질서는 없다. 하나의 세계가 세워지고 무너지고 다시 세워지며 이어진 것이 역사 아닌가.

이사를 오기 전, 내가 살아온 절반의 삶이 지속되던 집. 그 집의 구석진 벽에 한 줄의 낙서가 있다. 몇 년 동안, 그 벽 앞에 마주할 때마다 내가 쓴 그 문장을 골똘히 바라보았다. 세월이 흐르며 선명했던 글씨가 흐려졌지만, 아주 없어지지는 않았다.

이렇게 살아도 넌 행복하겠니?

내가 자신에게 던졌던 질문이었다. 질문은 던져놓고 침묵만 거듭하던 어느 날, 나는 대답했다.

아니.

그러자 내가 해야 할 일들이 명확해졌다. 움켜쥔 손

을 펴고 놓아야 할 것이 무엇인지 알아챘다. 삶이 변하기 시작했다.

## 바다 위에서의 일주일

일주일 동안 배를 타고 바다를 여행할 기회가 있었다. 서산에서 출발하는 배를 타고 일주일 동안 항해하며 일본과 대만의 도시 세 곳에 정박하고, 부산항으로 돌아오는 일정이었다. 서울에서 서산까지 이동해야 했고, 도착한 후 부산에서 서울까지 돌아와야 하니 여행 일정은 더 길었다.

함께 여행하고 싶은 사람들을 곰곰이 생각했다. 같이 가고 싶은 사람들이 몇 명 떠올랐지만, 일주일 이상 휴가를 내는 건 쉬운 일이 아니었다. 전업주부에게도 어려웠고, 직장을 다니는 상태에서는 더더욱 힘든 일이었다. 마지막에 남은 동행은 아들이었다. 대안학교에 다니고 있는 스물두 살의 아들.

그 긴 시간 동안, 한정된 공간에서 잘 지낼 수 있을까. 아무래도 위험 요소들이 있는 배 안에서 내가 안전하게 아이를 보호할 수 있을까. 어쩌면 지루할 수 있는 단조로운 시간을 아들은 답답해하지 않고 견딜 수 있을까. 내가 한눈을 파는 사이 난간에 매달리는 아찔한 일이 벌어지지는 않을까.

고민을 거듭했다. 내게 주어진 행운을 포기해야 하나 생각했다. 평생 한 번 경험하기도 어려운 크루즈여행을 막상 포기하려니 나중에 후회할 것 같았다. 학교 선생님께 내 고민을 털어놓았다. 아들과 함께 해외로 나가는 것이 가능할까를 물었다. 선생님은 충분히 가능하다고 했다. 그 말에 용기를 냈고, 최종적으로 여행 동행인으로 아들의 이름을 올렸다. 나와 아들의 여권을 제출하고 개인 정보를 제공하고 여행자 보험까지 들고 나니, 이젠 배를 타고 모험을 떠나는 일만 남았다.

아들에게 장애가 있다는 사실은 오랫동안, 나의 아픔이었다. 감추고 싶어서 마음속 가장 구석에 숨겨놓은 진실. 대면하지 못하고 회피했던 시절, 마음은 늘 지옥이었다. 내가 인정하지 못하니 아들도 자신을 있는 그대로 인정하고 받아들이지 못했다. 나는 벽에 머리를 박으며 괴로워했고 아들 역시 그러했다. 내가 무슨 잘못을 해서 이런 고통을 받나, 전생에 얼마나 큰 죄를 지었기에 이런 벌을 받나, 한탄했고 아들도 자신은 왜 이렇게 태어났느냐, 힘들어했다. 나는 아들을 보통의 아이처럼 보이기 위해 전전긍긍했고, 아들 또한 보통의 아이처럼 보이기를 원했다.

나는 나 자신과 아들을 지옥 속에 가두고 있던 시간이 지금은 후회스럽다. 그렇지만 당시에는 다른 방법을 몰랐다. 성장이 더딘 아이를 양육하는 건 내게도 처음 겪는 일이다. 한 번 가르칠 것을 만 번 가르쳐 한글을 깨치고, 또 만 번을 가르쳐 구구단을 암기시키고. 매일 한 권씩의 학습지를 풀게 하고 나중에는 직접 문제를 만들어서 나와 아들을 괴롭혔던 시간이 많다.

예쁘고 그림 잘 그리는 큰딸, 영리해서 교내, 교외에서 상을 자주 받은 작은딸 얘기만 하고, 사진을 보여주었으나, 아들 이야기는 전혀 하지 않았다. 아들에 관해 묻는 말에는 애매하게 답하고 재빠르게 다른 화제로 돌렸다.

어느 날 친구가 물었다. 친구의 오피스텔에 놀러 가서 배달 음식을 먹으며 이런저런 수다를 떨다가 문득 던진 친구의 질문. 그런데 너는 왜 아들 이야기는 하지 않아?

오래된 친구였다. 아들 돌잔치에도 찾아와줬던 가까운 친구였다. 나는 그런 친구에게조차 하지 못했던 진실을 그때 비로소 털어놓았다.

거짓말은 거짓말을 낳는다. 핑계는 또 다른 핑계를 만들고, 감춘 진실은 점점 커지고 벅차고 마침내 가슴을 압박한다. 감당 못 할 무게에 통증을 느낀다. 내가 만든 허구의 이야기들은 계속 타당하고 수긍할만한 살을 덧대어 점점 커진다. 가상 현실 속 아들이 자랄수록 성장기에 맞는 적당한 인생에 대해 새로운 변화를 만들어내야 한다.

원래 하던 대로 다른 거짓말을 하거나 다른 주제로 대화를 전환하는 방법도 있었다. 그런데 그날은 어쩐지 거짓말이 나오지 않았다. 다정한 친구에게 미안했고, 아들에게 미안했다. 대외적인 내 인생에서 아들은 투명 인간이었다. 존재하지 않았다.

처음으로 누군가에게 존재 그대로의 아들 이야기를 털어놓았다. 하다 보니 덤덤해졌고, 그 긴 이야기를 듣는 친구 역시 그랬다. 이야기를 다 마치고 얹힌 것이 조금 후련한 기분이 들기도 했던 것 같다.

내게 분명 힘든 일이고 불행한 일이다. 누군가에게 찔리면 아픈 부분이다. 그런데 나 이외의 누가 찌른단 말인가. 결국 가장 깊게 사정없이 찌르고 할퀸 사람은 나 자신이다. 누구도 내 불행을 찌르지 않았다. 상처를 쑤시고 고통을 준 사람은 내 사람이 아니다. 그걸 알아채면 등을 돌리면 된다.

떠나는 날이 확정되고, 유의해야 할 사항들을 아들에게 반복해서 알려주었다. 배라는 특수한 공간에서 어떻게 생활해야 하는지 특히 조심해야 하는 점은 무엇인지, 혹시 엄마를 잃었을 때 어떻게 대처해야 하는지 그런 것들. 그럼에도 막상 떠나는 날까지도 우리가 이 모험을 잘 해낼 수 있을지 마음이 놓이지 않았다. 왜 아니겠는가. 이제 일주일 동안, 나는 아들의 유일한 보호자로서 아들의 안전과 무사함을 책임져야 한다. 더군다나 아들은 신장이 177, 체중이 70 중반대의 혈기 왕성한 20대 초반 성인 남성이다.

3,000명이 넘는 승객들이 출국심사를 위해 줄을 서서 차례대로 선내로 들어가는 지루한 시간. 오키나와 미야코지마, 대륙까지 세 번의 입출국 심사. 많은 인원이 한 배에서 일주일을 생활하는 건, 그만큼 기다림의 순간들도 많다는 것이다. 그 일을 아들은 잘

해냈다. 모르는 사람들과 한 식탁에 앉아 식사하는 저녁 디너 시간에도 의젓했다. 낯선 요리에 관해 설명을 해주면 아들은 먹고 싶은 것을 선택했고, 저녁마다 맥주도 한 잔씩 마셨다. 부부, 친구들, 가족들, 여행의 동행은 다들 제각각이었지만 엄마와 아들 단둘이 온 건 우리밖에 없었다. 성인 아들과 엄마의 여행을 같은 테이블에 앉아 식사하던 다른 이들은 신기해했다.

처음 가는 곳의 낯선 길을 걷는 기항지에서의 짧은 여정도 그랬다. 앞서 걷다가 한 번씩 뒤를 돌아 나를 확인했다. 인파에 휩쓸려 다닌 대륙의 어느 재래시장에서도 우리는 서로를 잃지 않았다.

일주일 동안 우리는 바다를 실컷 보았다. 떠오르는 해와 수평선 아래로 떨어지는 해를 실컷 보았다. 마침내 하늘과 바다의 경계조차 없는 아득한 어둠도 마주했다. 가도 가도 온통 물이었다. 작은 바위섬 하나 없이 끝없이 펼쳐진 수평선을 종일 보기도 했다. 햇볕 따듯한 갑판 위에서 나른하게 졸기도 했고, 지루해진 아들은 배를 한 바퀴, 두 바퀴 혼자 걸었다. 13층의 갑판에서 1층에 있는 숙소까지 혼자 가서 쉬기도 했다. 처음엔 걱정했는데 나중에는 걱정하지 않았다. 혹시 난간에 매달렸다가 바다로 떨어지면 어쩌나도 했다. 처음에는 걱정했지만 나중에는 하지 않았다. 혹시 난간에 매달렸다가 바다에 떨어지면 어쩌나 했던 떠나오기 전의 걱정도 털어버렸다.

그건 내가 가장 먼 바다로 떠나 본 최초의 경험이었다. 스물두 살 아들에게도 그 바다는 그애가 겪은 중에서 가장 먼 바다였다. 나에게도 아들에게도 가장 멀리 떠나본 세계였다. 내가 알던 세계가 그리고 아들이 알던 세계가 넓어졌다는 사실 앞에서 갑자기 가슴이 벅차올랐다.

마지막 밤, 파도가 거셌다. 커다란 배가 요동치기 시작했다. 아들과 나는 1층 숙소에 나란히 누워 잠을 청했다. 불 꺼진 숙소에 누우니, 요람처럼 흔들리는 배가 느껴졌다. 놀랍게도 두렵지 않았고 다음 날 배에서 내려야 한다는 사실이 아쉬웠다. 일주일쯤 배를 더 타고 바다 위를 항해하고 싶었다. 일주일 동안 내가 본 바다와 일주일 동안 아들과 나눈 대화들이 눈앞에 펼쳐졌다. 졸린 아들에게 말했다.

엄마는 지금 너무 행복해, 너도 그러니, 아들?

## 나의 알바 히스토리

전업주부 30년 차인 나는 혼인 기간 내내 무직 상태였다. (무직이라고 굳이 표현한 것은, 전 배우자가 다툼이 있을 때마다 내 약점으로 공격했던 특정 단어이기 때문이다) 나의 시간과 정신적, 육체적 에너지의 대부분을 자녀 양육에 헌신했고, 장애가 있는 막내는 특히 도움이 필요한 상태였으며 가사 노동과 돌봄 노동, 대리 효도 역할까지 혼자 수행하느라 바빴다는 건 다 제쳐두고, 집 밖에서 벌어오는 수입이 없다는 이유로 나의 '직업 없음'은 전 배우자가 쥔 강력한 무기였다. 그는 내 약점을 정확히 알았고, 나는 전투에서 맥없이 기권했다.

자녀에게 필요한 것을 살 때, 또는 새로운 학원에 보낼 때면 의견이 달라 다툼이 생겼고, 바깥일을 하는 본인이 승인하지 않은 지출을 집안일을 하는 내가 혼자 결정했을 때도 그냥 넘어가지 않았다. 나는 대체로 수동적인 인간이긴 하지만, 끊임없이 그가 정한 규칙을 어겼고 그 결과는 싸움으로 이어졌다.
싸움은 격렬했지만 거듭되는 '무직' 공격에 항상 무방비하게 패배했다. 동일한 무기로 동일한 곳을 집중 공격당할 때 당연하게도 그 고통이 더욱 컸다. 그 이면에는 나의 직업 없음을, 그로 인한 경제적인 무능을 나 자신도 인정하고 있었기 때문이다.

경제력이 절실했다. 내 손으로 일해서 번 돈이 간절했다. 내가 번 돈을 손에 쥐어보고 싶고, 그 돈을 쓰고 싶었다. 사람 구한다는 광고만 봐도 내게 가능성이 있는지 계산하고는 했다. 그때의 내가 생각한 복수는 고작 지역 신문의 구인 글을 뒤지는 일이었다. 구청의 일자리 지원 센터에도 이력서를 냈지만, 내게 필요한 조건에 맞는 일자리는 어디에도 없었다.
남의 편 돈은 그야말로 더럽고 치사했다. 더럽고 치사하지? 그럼 너도 나가서 돈 벌어와. 다툼이 있을 때마다 내게 모멸감을 주었던 그 말들.

막내가 초등학교에 들어가고 시간 여유가 생기면서 적극적으로 일을 찾기 시작했다. 처음엔 아이를 학교에 보내고 돌아오기 전의 오전 시간에 할 만한 일을 알아보았고, 다음에는 주말에 할 만한 일을 구했다. 가장 오랜 기간 했던 일은 백화점 판매다. 백화점에서 근무하는 대학 동창이 급하게 필요한 인원 보충을 위해 연락이 오면서 시작한 일이다.

오전 10시부터 오후 8시 30분까지 선 채로 근무하고 나면 다리가 퉁퉁 부었지만, 몇 시간 동안 집을 벗어나 바깥일을 하는 것은 신선하기까지 했다. 모르는 사람들과 시시한 농담을 주고받거나 고객 입장일 때는 알 수 없었던 직원들만의 세계와 공간을 알게 되는 것은 재미있었고 한 개 사러 왔던 고객에게 두 개를 판매했을 땐 내 매장의 매출이 오른 듯 즐거웠다.

처음으로 스포츠 브랜드의 세일 행사에서 주말 동안 이틀 일하고 받은 돈은 16만 원. 나의 노동이 드디어 돈으로 되돌아오고 내 노동의 실체를 직접 확인하는 순간이었다. 그때까지 퇴근도 없고 휴일이나 휴가도 없는 노동을 해왔지만, 그 노동은 돈으로 되돌아오지 않았다. 계단을 쓸고 닦아도, 마트에서 무거운 세제를 들고 날라도, 채소를 씻고 삶고 볶아도 내가 들인 시간과 노동에 대한 가치는 계산되지 않는다.
처음 번 돈으로 딸에게 겨울 점퍼를 사 주고, 치킨을 배달시켜 자녀들과 먹었다. 내돈내산이 이렇게 뿌듯한 일이었구나 싶었다.

물론 지금은 전업주부가 한 일도 가치가 있다는 것이 계산되기는 하지만, 30년 동안 누적된 내 노동에 대한 돈은 실체가 없다.
수천 번 반복했던 밥 짓기와 설거지와 분리수거와 기계 세탁과 손세탁과 빨래 널기와 빨래 개기와 음식물 쓰레기 버리기는 내게도 경제적인 가치가 있음을 증명해 주지 못했다.
아픈 아이를 업거나 걸려서 병원에 데려갔던 일도, 고열에 시달리는 아이를 밤새 돌본 일도, 더 이상 덮을 것이 없어 수건을 덮고 자며 토사물이 묻은 이불들을 주물러 빨았던 일도 아이를 앉혀 놓고 수천 권의 책을 읽어준 것도 바깥일을 하는 남의 편에게는 '집에서 노는' 행위에 불과했다. 나의 안 일은 전혀 인정받지 못했다.

내가 결코 무가치하고 무능한 인간이 아님을 증명하고 싶었다. 무직이라며 깎아내리는 그에게 보란 듯 경제적인 능력을 증명해 보이기 위해 고군분투했다.

무직(전적으로 남의 편 표현이다)이었던 나는 최선을 다해 바깥일을 했다. 그야말로 무식하게 일했다. 고객이 없는 시간에도 쉬지 않고 진열대의 먼지라도 닦았다. 비뚤어진 구두라도 반듯하게 놓았다. 성실하고 성실하고 성실했다. 약속한 날짜에 통장에 입금된 금액을 보면 뿌듯했다.
남의 편 돈은 치사했는데, 내 돈을 쓰니 치사하지 않았다.
일을 어찌나 잘했는지 처음에 일했던 매장 주위의 다른 매장에서도 바쁠 때마다 불렀다. 소득이 생기며 지하 100층 아래 처박혀있던 자존감도 계단을 타고 지상으로 차츰 올라오기 시작했다. 바깥에서 번 돈의 힘을 그제야 체감했다.

몇 년 동안 했던 판매 일은 갑자기 그만두게 되었다. 팬더믹 사태로 나라 전체가 경제적으로 직격탄을 맞았고 백화점 매출도 가파르게 떨어졌다. 임대 매장이 철수하고 정규직조차 인원 감축, 또는 해고되면서 단기 근무 직원은 더 이상 필요로 하지 않았다. 익숙했던 사람들이 뿔뿔이 흩어졌다.

백화점 세일 행사장에서 발이 편한 여성 구두가 89,000원, 99,000원을 함께 외치던 남자 직원이 있다. 히어로 영화를 좋아한다는 공통점 때문에 영화 이야기로 수다를 떨던, 첫사랑에 실패하지 않았더라면 그 나이대의 아들은 있겠지 싶은 그와 친했다. 일을 그만둔 뒤, 다른 백화점으로 옮긴 그를 길에서 우연히 만나 반가웠던 일이 있다. 이모라고 부르며 친숙하게 지냈던 다른 직원들의 안부를 잠깐 나누고 헤어졌고 나중에 백화점에 간 김에 근무한다고 했던 매장 앞을 지나며 물으니 새로 온 직원이 그는 이제 일을 그만두었다는 소식을 전해주었다.

내가 언젠가 소설을 쓸 거라고 하니, 그러면 소설 속에 자기 이름을 써 달라고 했었는데, 아직 젊은 나이에 외롭고 시린 시간을 살아온 그의 이름은 이왕이면 마주 앉아 밥을 먹을 가족도 있고 통장에 돈도 많고 행복한 남자 캐릭터를 등장시킬 때 사용하려고 아껴두고 있다. 오토바이로 출퇴근하며 일했고, 혼자 강원도까지 오토바이로 여행을 다녀오기도 했던 그는 내 소설 속에서는 근사한 차를 타고 등장하게 될 것이다.

복지관에서 강사 일도 경험했고, 도서관에서 보조 사서 일도 했다. 백화점에서 신발을 팔 때도 신이 났고,

어르신들에게 문자 보내는 방법이나 카카오톡 선물하기 같은 기능을 가르쳐드릴 때나 무거운 책을 들고 나를 때도 즐겁기만 했다. 어르신들과의 마지막 날, 맛있는 거 사 먹으라며 신권 지폐를 넣은 봉투를 받았는데 그 돈은 차마 쓰지 못하고 아직도 간직하고 있다.

지금 내가 하고 있는 알바는 꽃장식 보조 일이다. 일주일에 한 번 출근해서 4시간 동안 일한다. 예쁜 꽃을 보고 만지고 향기를 맡으며 하는 일이라 만족도가 높다. 물론 가시도 찔리고 허리도 아프다. 그래도 명랑하고 웃음 많은 플로리스트들과 일하니 덩달아 젊어지는 것 같다.
예쁘고 착하고 젊은 대표님이 가끔 남는 꽃을 챙겨줄 때도 있고, 직원 식당에서 맛있는 밥도 먹는다. (난 왜 이렇게 직원 식당 밥을 좋아하나. 백화점에서 일할 때도 식당 밥을 너무 잘 먹었기에 지금도 아쉽다. 물론 힘들게 일하면서 살은 찌는 단점이 있긴 하다)
내 노동력이 돈이 되는 경험은 앞으로도 계속하고 싶다. 여동생이 은퇴 후, 트럭을 사서 캠핑을 다니며 캠핑장 앞에서 순대나 어묵을 팔자고 했는데 찬성. 내 친구 1은 쿠팡 알바 한번 해보는 게 소원이라고 했다. 혼자는 민망하니 같이 가보겠느냐 묻는데 그것도 재밌겠다. 또 다른 해볼 만한 알바 기회가 나타난다면 언제든 도전해 볼 생각이다.

전 배우자는 남의 편 돈은 더럽고 치사하다는 사실을 부단히 내게 깨우쳐주었고 나는 이제 바깥일의 거룩함과 기쁨을 알게 되었으니 고맙다는 인사를 전해야 하나. 굳이 만날 일까지는 없고, 아무튼 고맙습니다.

## 닭 다리는 맛있다

언젠가 TV 프로그램에 출연한 남성 연예인이 닭 다리 때문에 곤욕을 치른 적이 있다. 음식을 만들어 출연자끼리 나눠 먹는 장면이 문제였다. 그날의 식재로는 닭이었으며, 문제의 장본인은 자상하고 요리 잘하는 사람으로 대중들에게 호감을 얻은 사람이다. 시청자에게 호감을 받던 그가 닭 다리를 먹는 장면이 나간 직후, 인터넷에는 그에 대한 비난이 쏟아졌다. 요리해서 먹는 과정에 그는 두 개의 닭 다리를 먹었다. 출연자가 여럿이었는데, 혼자 닭 다리를 두 개나 먹다니, 흥분한 댓글들이 마구 달렸다. 마침내 그 남성 연예인이 직접 나서서 해명 글을 올렸다. 재촬영을 반복해야 하는 방송 특성상, 요리에 쓰일 닭은 넉넉히 준비되어 있었고, 편집 과정의 문제로 하필 그가 닭 다리를 먹는 장면이 두 번 방송에 나온 것이라고 했다. 그의 해명으로 닭 다리 논란은 흐지부지되었다. 시청자들은 곧바로 수긍했다. 그를 비난하는 글도 사라졌다.

오래 산 부부가 있다. 자녀들은 결혼하여 집을 떠났고, 은퇴한 남편과 아내, 둘만 살았다. 어느 날, 점심 식사로 치킨 한 마리를 배달시켜 먹기로 했다. 주문한 닭이 도책했을 때, 마침 아내에게 급히 처리해야 할 일이 생겼다. 일을 마무리한 아내가 식탁으로 갔을 때 남편은 기다리지 않고 먼저 닭을 먹고 있었다. 그런데 아내가 보니 닭 다리가 없었다. 아내가 딴 일을 하는 동안, 남편이 닭 다리 두 개를 다 먹어 치운 것. 그 순간 아내는 이혼을 결심했다. 실화이다. 내 이야기는 아니다.

또 다른 오래 산 부부가 있다. 남편은 육류 요리를 좋아한다. 특히 닭을 좋아해서 아내는 닭을 이용한 요리를 많이 한다. 볶음과 백숙을 주기적으로 했고, 남편의 요청으로 재래 시장에서 튀긴 닭을 사 온다.
닭은 한 마리, 닭 다리는 두 개. 식구는 처음에는 두 명이었다가 늘어서 다섯 명이다. 닭 한 마리를 어떻게 먹어야 공평한가. 합리적인가.

남편은 닭 다리 두 개를 혼자 먹어 치웠다. 마치 당연하다는 듯이.

그 가족은 한 달에 최소한 두 번은 닭을 먹었으니 일 년이면 스물네 마리의 닭을 먹었다. 십 년이면 이백사십 마리 이상의 닭을 먹었다. 이십오 년 동안, 남편은 대략 천백 개의 닭 다리를 먹었다. 어리고 눈치없는 아들에게 닭 다리 하나를 뺏기기도 했지만, 딸들은 이미 학습이 되어 닭 다리에는 손을 대지 않았다. 남편과 사는 동안, 아내는 단 한 번도 닭 다리를 먹지 못했다. 퍽퍽한 가슴살만 먹었다. 고작 혼인 기간 중 남편이 먹어 치운 닭 다리가 과연 몇 개인가 따위를 계산하며 흥분하는 자신이 좀스럽고 한심해서 아내는 이혼을 결심했다. 이것 역시 실화이다. 내 이야기이다.

다른 가정의 경우도 그러한가, 조사를 시작했다. 먼저 남편 형제의 경우를 알아보겠다. 너의 집에서는 닭을 먹을 때 닭 다리는 누가 먹느냐고 묻자, 동서가 대답했다. 동서네는 자녀가 둘인데, 닭 다리는 자녀들에게 각각 주고 부모는 가슴살을 먹는다고 했다. 그렇다면 닭 다리는 가장만 먹는다는 암묵적인 규칙이 대대로 전승된 그 집안만의 특별한 전통은 아닌 것이 분명하다.

여든이 넘은 연세에도 마주치기만 하면 싸워서 이젠 손자들도 그러려니 하는 내 부모님의 경우를 알아보자. 나는 부모님의 다툼을 보며 자랐고, 지금도 가끔 목격한다. 그렇게 지치지도 않고 싸움을 반복하는 부모님이 닭 요리를 드실 때, 닭 다리만큼은 어머니 차지다. 그럴만한 이유가 있다. 아버지는 특별히 가리는 부위 없이 다 드시는데, 어머니는 오직 닭 다리만 드신다. 그러니 아버지는 닭 다리 두 개는 어머니 몫으로 미리 챙기고 나머지를 드신다.

닭 다리만 먹는 어머니의 식습관은 그대로 유전되어 육류를 즐기지 않는 내 여동생이 유일하게 먹는 닭의 부위가 있었으니 바로 닭 다리. 그래서 여동생의 가족도 닭을 먹을 때 닭 다리는 여동생 몫이다. 자녀와 함께, 또는 친족과 먹을 때도 있지만, 그럴 때도 닭 다리 한 개는 여동생이 먹는다.

닭 다리는 맛있다.
나도 닭 다리는 맛있다.

출산하고 산후조리를 친정에서 했다. 오랜만에 끼니 때마다 챙겨주는 밥상을 받으니 황송했다. 한 날은 어머니가 토종닭을 푹 삶았다. 산모 음식을 매번 따로 준비하는 것은 아니고, 국이든 탕이든 한 솥 끓이면 가족들이 다 함께 먹던 중이었다. 잠든 아기 옆에 누워 나른하게 졸던 내게 나와 밥을 먹으라고 깨웠다. 그때 어머니는 국을 푸며 닭 다리 두 개를 담은 그릇을 내 앞으로 놓았다.

집에 돌아가면 이렇게 못 먹을 테니까.

내가 여럿이 식사하는 자리에서 닭 다리 두 개를 몽땅 먹은 것은 그때가 처음이고 또 마지막이다. 집으로 돌아와서 나는 한 번도 닭 다리를 먹은 일이 없다. 결혼 생활 내내 그랬다. 나는 지금도 어머니와 종종 언쟁을 벌이고 퉁명스럽게 굴기도 하지만, 그때 닭 다리 두 개가 담긴 국그릇은 잊히지 않고 두고두고 고맙다.

그렇다고 해서 내가 30년 동안, 먹어보지는 못하고 눈앞에 있는 닭 다리를 구경만 한 것은 아니다. 남편이 회식으로 늦거나 출장을 가거나 해서 자녀들과 밥을 먹는 날이 가끔 있었다. 그런 날, 나는 닭을 시켰다. 시장에서 튀긴 것 말고 비싼 브랜드 닭으로. 그리고 닭 다리 두 개와 닭 날개 두 개를 공평하게 나누어 먹었다. 너희는 쫄깃하고 맛있는 닭 다리를 먹어라. 이 어미는 퍽퍽하고 맛 없는 닭 가슴살을 먹겠으니, 이러한 엄마 캐릭터는 절대 아니었고, 안타깝게도 나는 어머니의 닭 부위 취향을 닮아서 닭 다리를 선호한다. 특히 가슴살은 정말정말 싫다.
그러다 닭 다리로만 구성된 신제품이 출시되었다. 오호 쾌재라. 이제 더는 나눠 먹지 않고 온전한 닭 다리를 들고 뜯을 수 있게 되었다.

그즈음, 어린이집에서는 생일을 맞은 어린이의 부모가 음식과 케이크, 친구들에게 줄 작은 과자 꾸러미 같은 것을 준비해서 보냈다. 어린이집에서 딸의 생일잔치가 열리던 날, 닭 다리에 한이 맺힐 대로 맺힌 나는 닭 다리로만 튀겨 달라고 주문해서 선생님들 몫까지 싹 챙겨 보냈다. 닭 한 마리를 주문할 때보다 닭 다리로만 주문할 때 가격은 당연히 차이가 있었지만, 그때의 나는 내가 아닌 다른 사람이 닭 다리를 못 먹는 상황까지 견디기 힘들 만큼 심각하게 감정이입을 하고 있었다. 만약 닭을 한 마리 보낸다면, 누구는 닭 다리, 누구는 닭 날개, 또 누구는 닭 가슴살을 먹고 운이 정말 없는 누군가는 고기는 붙어있지 않고 튀김옷만 씹히는 갈비뼈 부위를 먹어야 한다. 그것은 너무 불공평하다. 그래서 나는 닭 다리를 플렉스 했다. 그날 어린이집의 아이들도 선생님도 공평하게 닭 다리를 먹었으며 나는 흡족해했다.

닭 다리는 누구나 좋아한다.
닭 다리는 정말 맛있다.

심리 상담을 받으러 다닐 때였다. 상담 선생님께 불쑥 질문했다.
선생님 집에서는 닭 다리 누가 먹어요?
이런 걸 묻는 내담자는 아마 처음이었겠지. 선생님은 당황해서 바로 대답하지 못했다. 그럴 테지. 고작 닭 한마리를 먹으면서 닭 다리를 누가 차지하는가의 문제에 나처럼 민감한 사람이 또 있겠는가. 이혼 소송을 시작하고 맞은 첫 생일에 여동생이 치킨 기프티콘을 보냈다. 닭 다리만 튀긴 콤보 세트. 축하 카드에는 이렇게 쓰여 있었다.
'닭 다리 실컷 먹어.'
닭 다리에 얽힌 나의 오랜 서사를 가장 잘 아는 여동

생이기에 혼자 실실 웃으며 닭 다리를 주문했다. 역시 한 개가 제일 맛있고, 두 개 이상은 느끼하다.

고작 닭 다리 한 개를 맛있게 먹는데, 그걸 눈치 보며 살았다. 남편도 당연하게 여기고 나도 그것을 당연하게 여겼다. 돈 벌어와서 가족을 먹여 살리는 가장은 중요한 사람이니까. 살림하고 자녀를 양육하는 전업주부는 덜 중요한 사람이니까. 그렇게 오랜 시간, 다 함께 당연하다고 받아들이며 살아온 것이 전혀 당연하지 않은 것임이 퍼뜩 깨달아졌다. 나는 덜 중요한 사람이 절대 아니었다. 그 말을 끄집어내는 데 너무 오래 걸렸다. 그래도 아주 늦지는 않았다.

네, 그렇습니다. 나는 눈치 보지 않고 내 몫의 닭 다리를 뜯기 위해 이혼을 결심했습니다. 닭 다리가 맛있어서 이혼합니다.

## 선희

누구나 자유롭게 글을 써서 올릴 수 있는 '인생락서'라는 플랫폼이 있었다. 현재는 서비스가 종료된 상태이며 내 휴대전화에서도 삭제된 지 오래다.

글이나 사진을 올릴 수 있는 온라인상의 공간은 지금도 존재하지만, 그곳은 좀 더 폐쇄적인 느낌이었다. 글쓰기 서비스를 제공하는 앱이 있다고 알려줘도 생소해하는 사람이 더 많았다. 그래서 오히려 안전하다고 느꼈다. 내가 쓴 글에 대한 평가에 위축되지 않고 비슷한 성향의 사람들이 소통하는 소규모 모임이나 동호회 같은 분위기였다.

게시되는 글들은 주로 일상의 소재를 다룬 쓴 에세이였고, 공감하는 글에는 댓글을 남겼는데 꽤 위로가 되었다.

간결하게 쓰는 사람, 글의 주제가 언제나 따듯한 사람, 시를 써서 올리는 사람, 담백한 문장으로 감동을 주는 사람까지 글 친구가 점점 늘어갔다. 글만 읽어도 글쓴이가 누구일지 예상이 가능할 정도로 많은 글을 올리고 많은 댓글과 답글을 주고받았다.

익명성이 주는 편안함이 좋았다. 그런데 글은 얼마나 매력적인가. 나는 그들을 모르는데, 그들의 글을 읽으며 차츰 그 사람의 생각과 그 사람의 가치관과 그 사람의 상처, 그리고 그것을 어떻게 통과했는지까지 알게 된다. 세상을 어떤 시선으로 바라보는지 글을 통해 알 수 있다.

나 또한 오래된 친구에게조차 털어놓지 못한 약점이나 상처를 그곳에서 스스럼없이 이야기했다. 모르는 사람의 다정한 말이 좋았다. 가상의 그 공간이 마치 대나무숲 같았다. 일기장을 펼쳐 보여주듯 온갖 것들을 털어놓고 나면 속이 다 후련했다.

특히 더 가까워지는 사람도 생겼다. 공통점이 많아 공감대가 비슷한 경우에 그랬다. 기혼이며 자녀가 있고 글쓰기를 좋아하는 그래서 서로의 글에 자신도 그렇다며 공감해 주는 여자들. 내가 쓴 글보다 훨씬 더 긴 분량의 다정한 댓글을 남겨주던 여자들. 잘 알지도 못하는 사이인데 아낌없이 칭찬하고 격하게 응원해주던 여자들.
그런 여자 중, 누군가 만남을 제안했다. 나는 그때 왜 그 제안에 찬성했을까. 아무리 글을 통해 친숙해졌다 하더라도 얼굴도 모르는 그녀들을 어떠한 의심도 없이 만날 마음을 먹었을까. 평소의 나라면 절대 하지 않을 행동이고 용기였다.

나로 말할 것 같으면, 매우 비관적인 편. 관계의 유한함에 회의적인 편. 새롭게 관계를 맺는 것과 오래된 관계를 끊는 경우 모두 힘겨워하는 편. 굳이 관계를 확장하고 싶다는 욕구가 전혀 없는 편. 심지어 이미 맺은 관계들을 지켜나가기에 버거워 혼자 끊어낸 이들도 있다(많다). 40년 된 친구와도 이별했고, 20년 된 친구와도 이별했고, 서로의 집을 스스럼없이 오가며 친하게 지냈던 아이들 유치원이나 학교 엄마들과도 이별했다. 여전히 한동네에 살면서 아는 척 하지 않았다.
연락하지 않고 연락을 받지 않는 소극적인 방법만으로 끊어진 관계는 오히려 홀가분했다. 이별조차 쉽지 않아 어쩔 수 없이 질질 끌려가는 관계는 남은 힘마저 전부 다 소진하게 한다. 결혼 생활의 균열이 차츰 더 커지던 무렵이었다.

그럴 때, 나는 모르는 그녀들을 만나기 위해 집을 나섰다.

시흥에 사는 메리골드님과 화곡동에 사는 서쪽하늘님, 그리고 화양동에 사는 바그다드 카페(나의 닉네임이다. 바그다드 카페는 나의 인생 영화이기도 하다)는 동작역에서 만났다. 온라인에서 먼저 아는 사이가 되지 않았더라면 시흥에 사는 여자와 화곡동에 사는 여자, 그리고 화양동에 사는 여자 셋이 어떤 인연으로 만날 수 있었을까. 평생 모르는 채로 모르는 삶을 살아갔겠지. 화양동에 사는 여자는 서울에서만 60년 가까이 살았어도 시흥이나 화곡동에 간 일이 없다. 시흥의 그녀도 화곡동의 그녀 또한 그랬다.

약속 장소에 모이기 전, 우리는 단톡방에서 먼저 연락을 나누었고, 세 명 모두 시간에 맞춰 전철역에 도착했다는 문자를 확인했다. 세 여자는 개찰구 근처에서 얼굴을 모르는 친구를 찾아 두리번거렸다. 비슷하게 나이 든 여자들의 거리가 점점 좁아졌다.

혹시 메리골드님? 혹시 서쪽하늘님?

바그다드 카페님 맞으세요?

서로의 숱한 글을 읽었고, 그 글을 통해 대략적인 가

정사를 알고, 취미나 취향, 사는 곳을 알고 있으니, 실제로 만나기 이전에 마음이 먼저 친해졌던 사이. 우린 그렇게 처음 서로를 대면했다. 뭐랄까, 온라인 게임 속에서 함께 게임을 즐기며 익숙해진 캐릭터의 실물을 보는 것 같은 기분.

천변을 걸으며 이야기를 나누고, 손수건이나 엽서 같은 미리 준비한 소소한 선물을 주고받고 간식을 사서 나눠 먹으며 반나절을 함께 있었다. 만난 지 이제 몇 시간. 어색하긴 했지만, 서로의 글에 대해서 함께 아는 다른 이들의 글에 대해서 그리고 글 밖에서의 일상까지 대화는 끊이지 않았다.

그 만남이 유쾌했기에 세 번의 오프라인 만남이 더 있었다. 아마 그 무렵, 코로나가 닥치지 않았더라면, 그리고 그렇게 오래 우리의 일상을 지배하지 않았더라면, 어쩌면 드문드문 만나며 친교가 이루어졌을지도 모른다. 그러다 점차 멀어졌을 수도 있지만 그렇게 한 번에 관계가 끊어지지는 않았을 것이다.

지난주까지 수업이 진행되던 문화센터의 강좌가 갑자기 폐강되고 오프라인 모임이 해체되고, 사회적 관계들이 끊어졌다. 열성적으로 글을 쓰고 올리던 회원들도 하나둘 떠났고, 오프라인에서 만나 즐거웠던 메리골드님, 서쪽하늘님도 멀어졌다. 우리의 관계는 짧고 얕았으니 어쩌면 가장 먼저 해체된 모임이었을 것이다.

시간이 한참 지난 후, 내게 힘든 일이 막 터졌을 당시, 역시 힘든 일을 겪고 있던 서쪽하늘님의 연락을 받았다. 나도 그녀도 말을 걸어줄 누군가가 절실했고 우리는 다시 만났다.
얼마 전에 서쪽하늘님이 말했다.
그때 연락을 하지 않았더라면 다른 이들처럼 우리는 멀어졌겠지, 서서히 모르는 사람이 되었겠지.
하긴 우리뿐만 아니라, 다른 이들도 모호하고 느슨한 관계들이 자연스럽게 정리되고 나니 감정 소모도 덜 하고 오히려 편하다는 것을 깨닫고 있었다. 사람들은 고립을 자연스럽게 받아들였다. 나 역시 문을 단단히 걸어 잠그고 닫힌 방 안에서 혼자인 것이 편했다.

 말을 편하게 놓지도 못하고, 아직 이름보다 닉네임으로 부르는 것이 편했던 때, 그녀가 호텔에서 하룻밤을 같이 묵자고 했다. 그녀의 딸이 정신적, 육체적으로 지친 엄마에게 가족을 떠나 쉬고 오라며 호텔을 예약해 주었다고 했다. 혼자 쉴 생각이었는데 내가 생각나서 연락했다고 했다. 지금 올 수 있느냐고 그녀가 물었다. 전화를 끊고 고민했다. 잠깐 고민하고 가겠다는 문자를 보냈다. 나는 주섬주섬 가방을 챙겨 아직은 덜 친한 그녀와 잠을 자러 갔다.

한강에서 일몰을 보고 폭신한 침대에 나란히 누워 밤새 이야기했다. 우리는 둘 다 글쓰기와 영화, 독서를 좋아했으니 할 말이 많았다. 서로 읽고 본 책과 영화에 대한 감상만 공유해도 끝이 없었다. 더군다나 놀랍도록 비슷한 문제로 갈등 중인 배우자가 있어 흉볼 사연도 많았으니, 이야깃거리는 끊이지 않았다.

정작 당사자에게 맞서 대응하지 못했던 억울하고 부당하고 무시당했던 일들. 중년 부부의 위기는 밥상에서 방점을 찍나. 밥상에 얽힌 에피소드는 아무리 주거니 받거니 해도 끝이 나지 않았다(지금도 대화를 나누다 보면 이미 마침표를 찍은 결혼생활 중, 밥상에 얽힌 에피소드가 새롭게 등장한다). 그러니 이혼이 두려우신 중년의 남편분들은, 부디 주는 대로 감사히 드소서. 드시고 나면 부디 설거지 정도는 나서서 하소서.

꿈 이야기도 했다. 성취하고 싶은 목표 말고 밤에 잘 때 꾸는 꿈.

"지금까지 살면서 꾼 가장 무서운 꿈은?"

서쪽하늘님의 질문은 뜻밖이었고 새로웠다. 내게 무서운 꿈이 무엇이었냐고 묻는 사람은 그때까지 아무도 없었다.
조용한 호텔 방 안에서 나는 기억에 또렷한 꿈 이야기를 했다. 잠에서 깨어나면 식은땀이 흐르던 악몽, 아무도 묻지 않아 말할 일이 없던 꿈들을 하나씩 하나씩 꺼내 들려주었다.
시한부 선고를 받은 남편의 마지막 일 년 동안 국내의 여러 곳을 돌아다니며 지낸 서쪽하늘님에게서 짧은 엽서를 몇 번 받았고, 그녀의 남편상에 조문하러 갔다. 나는 이혼소송을 시작했고 30년 가까이 살던 집을 나와 이사했다. 각자의 큰 산을 오르고 내리기를 반복하는 동안, 우리의 인연도 이어졌다.

이제는 서로 서쪽하늘이나 바그다드카페라는 닉네임으로 부르지 않는다. 이름을 부른다.
그녀의 이름은 선희. 글이라는 인연으로 만났으니, 서로 작가님이라 부르기도 한다.

사소한 일에도 즐거워하며 웃고 떠들 때면 고등학교 시절 단짝 친구와 노는 기분이 든다. 즉흥적으로 일을 벌이고 새로운 경험을 함께한다. 혼자 도전하기에는 망설여지던 일도 같이 시도하면 없던 용기가 생긴다. 덜 부끄럽다. 아주 늙지는 않았지만 이제 더는 젊지 않은 50대 후반의 중년. 노안이 오고 관절이 저리기 시작하고 기억력도 예전 같지 않다. 그러니 새로운 것을 배우며 그 과정이 서툴고 느리고 실수도 많이 한다. 어처구니없는 실수를 하고 나면 코미디를 보듯 그저 웃겨서 우리가 덤 앤 더머 같기도 한다.

가장 최근에 문자나 전화 연락을 주고받은 친구를 묻는다면?
답은 선희.
가장 최근에 만난 친구를 묻는다면? 그 답도 선희.
가장 많이 여행을 함께한 친구가 누구냐고 물어도, 역시 선희.
나의 실패와 나의 비겁함과 나의 좌절과 나의 악의와 나의 편견을 잘 아는,
그런데도 나를 진심으로 믿고 좋아하는 것이 전해지는 친구.
그러니까 지금의 내 절친은 선희.

우리가 좀 더 빨리 만났더라면 어땠을까.
그녀가 문득 그런 말을 했던 어느 밤이 있다.

그러면 아마 지금은 친구가 아닐 듯?
이것은 나의 대답.

이런저런 일들에 치이고 넘어지고 아물며 세월을 보낸 후의 만남은 더 깊다. 지난날, 영원을 약속한 이들은 지금 내 곁에 없다. 서로의 다른 친구를 질투했던, 서로가 서로에게 유일하기를 원했던, '우리의 우정 영원히'라고 새긴 목걸이를 나눠 가졌던 친구와도 오래전 헤어졌다.

더 가까웠고 더 친밀했고 더 사랑했던 이들에게는 더 큰 것을 바랐다. 젊은 날, 그녀가 친구였더라면 아마 나는 더 큰 것을 바라고 더 큰 마음을 바라고 더 크게 실망하고 차갑게 돌아섰을지도 모르겠다.

나이가 들며 차츰 타인에게 크게 바라는 것이 없다. 실망하는 일이 없고, 오해하는 일도 없다. 어떤 부분을 건드리면 안 되는지 조심하게 되고, 나와 다른 부분도 수용하게 된다. 상대가 다치지 않는 거리를 존중한다. 운동화도 가방도 그리고 관계도 가벼운 것이 좋다. 그래야 멀리 오래 갈 수 있다.

요즘 우리의 공통 취미는 오일파스텔로 그림 그리기. 같이 여행을 떠날 때면 스케치북과 오일파스텔을 챙겨간다. 알록달록 예쁜 색으로 칠한 종이를 나란히 세워 두고 기념 사진도 찍는다. 그리고 또 한 가지는 우리가 함께 떠난 여행지에서 있었던 에피소드를 엮은 여행기 공동 출간하기.

80살 호호 할머니가 된 그녀와 여전히 재미있게 놀고 싶다. 90살이 되어서도 우리는 덤 앤 더머였으면 좋겠다. 그때도 뭔가 새로운 작당 모의하며 눈을 반짝이는 할머니들이면 좋겠다. 공원을 느리게 산책하다 벤치에 나란히 앉아 해바라기하는 그날들이 얼마나 따스울까.

그림과 영화와 책과 좋아하는 작가에 대한 이야기를 나눌 수 있고 내가 쓴 글의 독자가 되어주는 친구를 지금 만난 것은 선물 같다. 바쁜 날들이 어느덧 지나고, 조금씩 나를 위한 시간이 펼쳐지는 지금이야말로, 우정을 나누기 가장 좋을 때 아닌가.

## 미운 사람의 장례식

지난해 연말, 부고장을 받았다. 나는 지금 이혼 소송 중이며, 이혼이 성립되지는 않은 상태이다. 내가 받은 부고장의 주인은 곧 전 배우자가 될 아직은 현 배우자의 아버지. 법적으로 나는 그의 며느리이다. 전에 비슷한 생각을 한 적이 있다. 만약 이혼 소송 중에. 상대측의 부모상이 닥치면 상주로 참석해야 하나 안 해야 하나. 이혼이 성립된 후에. 부고장을 받게 되면 인간적인 도리로 참석해야 하나 불참하는 것이 맞나. 참 난처하겠군, 그런 생각.

막상 닥치니 말할 수 없이 혼란스러웠다. 갈 수도 안 갈 수도 없는 상황이었고, 결정은 내가 해야 하는데 어떤 결정을 해야 할지 알 수 없어 주위의 의견을 구하기에 이르렀다. 평소에 나는 아무리 가까워도 조언을 구하지 않는 성격이다. 내 마음이 끌리는 대로 결정하고 행동하는 편이다. 그런데 이번만은 몇몇 사람에게 물었다. 너라면 어떻게 할래. 부의금은 해야 하니, 안 해야 하니, 한다면 얼마를 해야 하니.

소식을 듣고 나는 쭉 안절부절못했다. 어떤 일에도 집중하지 못하고 산만했다. 그래서 물었다. 너라면 어찌하겠느냐고. 역시 어려운 주제였고, 나의 고민을 들은 이들 역시 본인이라면 어떻게 할 거라고도 쉽게 말하지 못했다.

끼리끼리라는 말은 이럴 때조차 느낄 수 있던 것이 고민을 나누다 보니, 나중에는 조심스럽게 그래도 자녀들의 할아버지이니 가봐야 하지 않겠느냐는, 비슷한 의견. 심각했던 나는 어이없어서 허탈하게 웃고 말았다. 어쩌면 이렇게 내 친구, 내 가족은 나와 마음이 같은가 하고. 가고 싶은 마음이 없고, 가지 않아도 될 것 같은데, 그래도 조문은 해야 하지 않나 하는 마음이 내게도 이미 있었던 것.

돌아가셨다는 소식은 늦은 오후에 당도했다. 그 밤이나 다음 날이 아니면 갈 수조차 없었다. 발인식에 참석하는 것은 생각조차 없었고, 그래도 인사는 해야 한다면 하기 싫은 숙제를 서둘러 마쳐야 했다. 그래서 나는 가고 싶지 않은 장례식장에 갔다. 절만 하고 오자, 마지막 인사만 하고 오자. 그런 마음으로.

가는 길이 쉽지 않았다. 발이 무거웠고 마음은 더욱 무거웠다. 나는 초대받지 않은 장례식장에 가는 중이다. 장례식장에 가까워질수록 숨이 턱 막히고 떨렸다. 그곳은 내가 미워했던 사람의 장례식. 나를 미워했던 사람의 장례식. 원고와 피고의 관계로 소송 중인 사람과 그의 원가족들과 가깝고 먼 친척들이 모여 있는 곳. 그들은 현재 어떤 상황인지 자세히 또는 어렴풋이 알 것이다. 아들 셋에 며느리 셋인 고인의 장례식장에 상복을 입은 며느리는 둘뿐이었으니 설명하지 않아도 눈치챘을 것이다.
팔은 안으로 굽는 것이 인지상정이니 당연히 내 역할이 악인일 것은 뻔하다. 그들의 싸늘한 시선이 집중적으로 내게 꽂힐 것이다. 그 정도에 주눅 드는 것은 아니다. 그러니 마음이 무거운 것은 시선 때문은 아니다. 내가 미워하고 나를 미워했던 이의 장례식에 조문을 가는 것은 이전에 한 번도 경험해 본 일이 없다.

형님, 오셨어요.

손아랫동서가 먼저 나를 발견하고 다가와서 두손을 꼭 잡았다. 잘 왔다며 인사를 하는데 그녀의 상복이 눈에 들어왔다. 전에 우리는 이렇게 장례식장에서 검은 상복을 입은 그녀와 손을 잡고 섰던 일이 있다. 그녀의 친정아버지 장례식장에서였다. 나는 그날 두 번째로 상주가 된 그녀와 마주했다. 상황이 달랐다면 나는 검은 옷을 입고 그녀와 나란히 서서 조문객을 맞았을 터였다. 그곳에 나는 상주가 아니라 조문객으로 왔다는 사실이 새삼 명확해졌다.

이게 뭐야. 왜 이런 상황이 된 거야. 나는 정말 오고 싶지 않았어, 동서. 그런데 오지 않을 수도 없었어, 내가 왜 이렇게 되었어. 여전히 내 손을 잡고 선 그녀에게 혼란스러운 감정에 대해 두서없이 털어놓았다. 따듯한 그녀의 손에 힘이 들어갔다.

그리고 마침내 영정 사진 속 고인과 마주했다. 최근 몇 년간 왕래가 없던 사람, 노환으로 쇠약해지고 있다는 소식만 전해 들었던 사람. 사진 속의 강하고 서늘하고 고집스러운 얼굴. 꽉 다문 입술에 경직된 표정은 마치 화가 난 사람 같았고, 끝내 웃는 모습은 보지 못했다. 나는 그가 환하게 웃는 모습은 본 일이 없다. 나는 그와 웃으며 대화해 본 일이 없다.

생전에 그렇게 많은 꽃 속에 파묻혀 본 적이 있었을까. 영정 사진을 둘러싼 꽃송이들. 그 앞에 향을 꽂고 절을 했다. 그나마 명절에 잠깐 얼굴을 본 것이 5년 전쯤일까. 절을 하고 일어나야 하는데 그대로 주저앉아버렸다. 울음이 터져 나왔다. 급기야 통곡하기 시작했다. 늦은 밤, 몇 명의 조문객만 식당 안에 드문드문 앉아 있던 장례식장 안에서 나는 엎드린 채로 울었다. 말리는 사람은 아무도 없었고, 장례식장은 조용해서 내가 크게 우는 소리만 울렸다. 울음이 잦아들고 나는 고개를 푹 숙인 채 도망치듯 장례식장을 빠져나왔다.

나는 미운 사람의 장례식에 다녀왔다.

통곡할 거라고는 나 자신도 미처 예상 못했다. 이게 무슨 감정인지 이름을 붙일 수조차 없었다. 생전의 그는 내게 항상 어려운 사람이었다. 가족이 된 세월이 무색하게 가까워진 적이 없다. 무섭고 주눅 들게 했던 사람이었다. 자신의 가치관과 신념을 다음 세대와 그다음 세대에까지 강요했고, 자신이 틀릴 수도 있다는 것을, 세상이 변했다는 것을 인정하지 않았다. 종종 있는 가족 행사에서 친밀한 대화는 없었고, 어제나 비슷한 주제의 일방적인 그의 말을 들으며 묵묵히 밥만 먹고 헤어졌다. 심사를 건드리면 그 자리가 어떻게 진행될지 알기에, 그 자리에 있던 누구도 아니라고 반반하지 않았다.

30년 동안 한결같았다. 꺾이지도 부드러워지지도 않았다. 그가 바뀌지 않는 동안, 다른 가족 구성원들이 소극적으로 대응하는 동안, 나는 완전히 다른 사람이 된 듯 바뀌었다. 당신이 맞다고 하는 말에 당신이 틀렸다고 대답했다. 하라고 하는 말에 안 하겠다고 했다. 오랜 세월, 가부장제 사회의 가장 꼭대기에서 흔들리지 않는 권위를 가진 사람에게 그건, 당신의 잘못이라고 했다. 너는 현모양처가 아니라고 지적하는 그에게 나는 현모양처가 되고 싶은 생각이 없다고 대꾸했다.

이혼을 결심하던 즈음, 전 배우자의 부친과도 갈등을 겪었다. 본인의 아내 포함, 누구도 자신을 대척하지 않았는데, 나 또한 오랜 세월 그의 말에 그저 순응했는데, 조곤조곤 자신보다 더 많은 말을 쏟아내는 다툼 끝에 그가 버럭 소리 질렀다.

넌 변했어.

그것은 누구보다도 내가 가장 잘 알고 있는 사실이다. 나는 변했다. 아주 많이. 순응하던 사람에서 역행하는 사람으로 완전히 변했다. 나를 위해서 나는 변해야 했다. 긴 세월 그 많은 말들을 어떻게 마음에 다 묻고 살았을까. 그것들은 한꺼번에 쏟아져나왔다. 그는 그런 나를 끝내 인정하지 않았지만 나는 변하고 나서야 숨을 쉴 수 있었다. 이전의 나를 버리고서야 다시 살 힘이 생겼다.

그의 지난날을 알고 있다. 그의 고난과 역경과 마침내 쟁취한 안정과 권력과 재력에 대해 잘 알고 있다. 십대에 어떤 힘듦을 겪었는지, 그 마음이 어떠했을지 짐작할 것 같다. 의지할 데 없는 십 대를 거쳐 이룬 가족을 어떤 마음으로 지켰는지도 알 것 같다. 자신의 힘으로 이룬 것에 집착했던 것도, 왜 그렇게 돈을 축적하는 일에 전력했는지도 안다.
그렇지만 아는 것과 이해하는 것은 다르다. 그를 이해하지 못한다. 그의 방식이 옳았다고 생각하지 않는다. 그의 강압적인 행동과 모진 말들이 여전히 용서되지 않는다.

통곡의 이유는 복합적이다. 애증은 아니다. 나는 그

에게 '애'는 없고 '증'만 있다. 그런 채로 소원했고 그런 채로 가버렸다. 끝내 불화한 관계로 남았다. 그가 한 일들은 분명 사과받을 일들이다. 그의 입에서 나온 말로 난도질당하는 동안, 나는 어땠더라. 짓이겨지고 나 자신이 더없이 하찮게 느껴졌지. 대응할 힘이 없어 참는 수밖에 방법이 없던 그때의 내가 불쌍해서 그를 용서할 생각이 여전히 없다.

뒤섞인 감정 중 어떤 것은 알 것 같다. 영정 속의 그를 보는 순가, 나는 인생이 허무해졌다. 허무라는 감정이야 처음 느끼는 감정은 아니었지만, 사무치게 허무했다. 내가 그를 아는 시간 내내, 그는 돈에 집착했다. 돈을 모으는 일에 전력 질주했다. 옆을 돌아볼 여유도 없이 그는 그저 앞으로 달리는 사람이었다. 그런데 죽을 때 동전 하나 가져가지 못했다. 다 두고 혼자 떠났다. 빈손으로 고독하게 세상에서 사라져 버리는 게 인간이구나. 나도 내가 믿는 것을 향해 전력으로 달리다가 끝끝내 사라지겠구나. 애틋했던 것 중, 단 하나도 못 가져가겠구나.

또 한 가지의 이유는 좀 어처구니없다. 미운 중에 그래도 고마운 것이 있더라는 것이다. 밉고 용서할 수 없는 마음과 별개로 고마운 것들이 떠올랐다. 덕분에 누렸던 안락한 삶, 경제적인 여유, 내가 아니라 내 역할에 대한 것이긴 해도 더러는 잘하고 있다고 인정해 주기도 했던 순간.

미워하는 사람이지만, 그러니 그의 죽음이 애통할 일은 없지만 그래도 눈물이 나는 건, 징글맞게 긴 시간의 힘이다. 그 긴 시간이 밉긴 미운데, 고마운 것도 있긴 있었지, 하고 떠오르게 하는 것.
거기서 왜 통곡을 했느냐는 딸에게 나는 이렇게 답했다. 너는 몰라. 나는 네 할아버지를 30년 동안 봤어. 혈연이 아닌 누군가와 30년 이상의 시간을 함께한다면 설혹 서로를 증오하며 이별한다 해도 홀가분하게 감정이 털어지지 않는다. 어이없게 슬픔이 찌꺼기처럼 남는다. 그리고 예전의 상황을 곱씹으며 증오하는 순간도 줄어들고, 미운 마음도 차츰 잦아든다. 그렇게 내 인생에서 한 사람이 영원히 사라졌다.
가까운 친척들이 다함께 고인의 유골을 안치한 추모원에 가기로 했다는 말을 아들이 전했다. 아침 일찍 출발한다고 했다. 아들의 양복을 꺼내 걸어놓고, 인사 잘하고 오라고 했다. 할아버지에게 이제 그곳에서는 편안하시라고 말하라 했다.

## **체념 안 할래요**

배우자와의 갈등과 별개로 나는 시어머니에 대한 연민이 있었다.

가까이에서 보고 듣고 느끼는 시어머니의 삶에 대해서. 그녀가 내게 반복해서 털어놓은 한탄을 통해 그녀의 서사에 대해 알게 되면서 얼마나 힘들었을까 공감했다. 순전히 한 사람이 다른 사람에게 느끼는 감정이었다. 그녀가 혼자 감당하던 일들을 기꺼게 마음으로 분담했고, 시키지도 않은 일을 내가 하겠다며 나섰다. 같이 하면 금방 할 수 있고 수월하게 끝낼 수 있으니까. 우리는 가족으로 엮인 사이였으며 늙은 시어머니 대신 젊은 며느리가 하는 것이 당연하다는 생각도 있었다. 딸이 없는 시어머니는 며느리에게 하기에는 과한 것이 아닌가 싶을 만큼 자신의 마음을 적나라하게 털어놓았고, 어쩌면 나보다 그녀가 더 힘들겠다는 오해를 했던 것 같다.

명절이 다가오면 이런저런 필요한 것을 사다 날랐고, 닥쳐서 바쁘지 않게 미리 밑반찬을 만들었다. 시가 식구들이 잘 먹는 황태는 부드럽게 불려 고추장 양념을 바른 후, 켜켜이 반찬통에 담고 오이소박이도 한 통 담아 먹기 좋게 익혔다. 가게에서 직접 만들어 파는 두붓집에 줄을 서서 두부를 사 와서 간수를 미리 뺐다.
고사리는 얼마나 사야 하는지 송편이나 가래떡은 얼마나 필요한지 등등 나서서 의견을 냈다. 시어머니도 그런 나를 가장 의지한다고 자주 말했고, 손아랫동서는 형님이 일도 잘하고 솜씨도 있어 든든하다고 했다. 그때는 그게 내 왕관인 줄만 알았다.
여자니까, 며느리니까,
여자는 '시집을 가면' 당연히 시집 식구가 되는 거니까. 그들이 원하는 모습이 되기 위해 안간힘을 써서 노력한다면 인정해 주겠지. 최대한 빠르게 인정받기 위해 뭔가 더 많은 일들을 수행하고 좋은 결과를 내야겠구나.

'잘' 하고 싶었다. 내가 그것을 진심으로 원하는지, 하고 싶은지, 갈망하는지 알아채지 못한 채 그저 남이 보기에 '잘' 하고 싶었다. 나는 만두를 잘 빚는 사람이 되기 위해, 오이김치를 맛있게 담그는 사람이 되기 위해 자녀들은 너무 마르지도, 너무 뚱뚱하지도 않게 적정 체중을 유지하도록 양육하기 위해 노력을 했다. 과소비를 하지 않고 더 싸게 파는 마트를 찾아다니며 아끼려고 노력을 했다. 결혼 후, 나를 둘러싼 사회는 협소했고, 오랜 시간 동안 관계는 확장되지 않고 변함이 없었으며 그곳에 존재하는 여자들은 다 그렇게 사니까. 그녀들도 나와 똑같은 노력을 하니까.

한번은 팔순을 맞은 시어머니를 위해 여자끼리 여행을 가자고 제안했다. 밥이 중요한 집안이라서 밥을 하는 여자들이 긴 시간 외출하는 것은 쉽지 않았는데, 시어머니의 80번째 생일이라는 이벤트 덕분에 수월하게 여행이 진행될 수 있었다. 2박 3일간의 제주도 여행. 결혼하고 20년 만의 여행이었고, 또 마지막이기도 하다.

패키지여행 특성상 정해진 일정을 따라다니느라 바

빴지만, 단체 일정이 끝난 후, 저녁 시간은 여유롭게 즐길 수 있었다. 사진만 후다닥 찍고 이동했던 관광지에서 보낸 시간은 기억에 남지 않았다. 그 여행에서 찍은 사진들은 이사를 오며 전부 버렸으니, 어디 어디를 관광했는지 되짚어 봐도 모르겠다.

오히려 해가 떨어지는 바다를 바라보며 식당에서 차례대로 나오는 신선한 재료들로 만든 만찬을 맛보던 시간, 꽤 먼 거리였지만 숙소까지 걸었던 밤의 산책로, 숙소를 함께 쓴 손아랫동서와 맥주를 한 캔씩 마시고 푹신한 침대에서 뒹굴며 수다를 떨던 시간, 그런 순간들은 오래 남는다.

이제는 미운 사람들이 되었는데도 제주에서의 3일이 아름답게 기억되는 건 왜일까. 푸른 바다가 좋았나. 떠난 것이 좋았나. 우스운 이야기를 하며 계속 웃어서 그런가. 아니면 3일 동안 밥에서 해방되어 홀가분한 기분이었는지도 모르겠다. 그간 우리 대화의 주된 주제는 '저녁 밥상에 무슨 국과 무슨 반찬을 올리느냐'였으니, 국과 반찬 메뉴를 상의하며 20년 밥상을 차린 여자와 50년을 차린 여자는 새로운 국과 반찬으로 밥상을 차리는 반복에 관해 부담과 지겨움을 공감했더랬다. 50년이 넘도록 저녁 밥상에 매여 있던 시어머니에게 오후 6시에 바닷바람을 맞으며 걷던 느긋한 산책은 처음이었을 것이다.

시어머니의 생신 때마다 이렇게 여자 넷이 여행을 다니자고 했던 건, 누구였더라. 기분이 좋은 김에 즉흥적으로 누가 의견을 냈고, 찬성하고 누가 다음 여행을 계획했더라. 가족이지만 성은 다른 네 명의 여자는 다음 여행을 당장 떠나기라도 하듯 흥분했었다. 밥을 안 하니 이렇게 행복하구나, 했고, 다들 그렇다고 공감했다.

그랬던 우리는 몇 년 후에 남이 된다. 아니, 남보다 못한 사이가 된다. 만약 지금, 이 순간 길에서 우연히 그들과 맞닥뜨린다면 나는 냉랭한 표정을 짓고 외면할 것이다. 또는 그들이 먼저 나를 차갑게 외면할 것이다.

이젠 돌이킬 방법이 어렵던 채로, 나는 며느리 역할을 여전히 하고 있었다. 제사 음식을 준비했고, 시부모의 생일을 챙겼고, 시조카들의 졸업과 입학을 축하했다. 크고 좋은 과일이 선물로 들어오면, 그중에서 제일 크고 제일 동그란 것을 골라 차례상에 올리자며 시가에 가져갔다. 시가 부엌에서 동서들과 삼색나물을 무치고 녹두전을 부쳤다.

나중에 내가 왜 그렇게까지 했는지 스스로에 대해 의아해했다. 치열하게 싸운 후, 배우자의 가족 대소사에 가서 앞치마를 두르고 태연하게 설거지를 하는 내 모습이 멍청하기도 하고 기이하기도 하다.

시할아버지 제사가 있던 어느 날이었다. 오전에 여자들이 모여 음식을 만들었다. 죽은 사람이 먹을 음식만 준비하면 되었기에 그날 밤, 제사상에 오를 음식 만들기는 오전 중에 끝났다. 시어머니가 고생했다며 나가서 짜장면을 먹자고 했다.
가까운 중국 음식점에 가서 짜장면을 한 그릇씩 먹고, 시가로 다시 돌아왔다. 동서들은 두고 온 자기 짐을 챙기러 올라갔고, 나와 시어머니는 건물 앞 길가에 서서 그들이 나오기를 기다렸다.
그때도 나는 배우자와 어떤 문제로 다툼 중이었고, 시어머니는 그 상황을 정확히 알고 있었다. 당연히 해야 한다고 생각했던 일을 하며 오전 내내 한 공간에 있었지만, 얼굴이 밝지는 않았다는 것도 알아챘을 것이다. 둘만 남겨지니 딱히 할 이야기도 없고 불편했던 나는 시어머니와 멀찍이 떨어져서 괜히 남의 집 화분만 들여다보고 있었다. 그때 시어머니가 던진 한마디가 내 등에 꽂혔다.

체념해.

그날 시어머니는 단어 하나로 나를 죽였다.

체념.
희망을 버리고 아주 단념함.
말은 힘이 세다. 말에는 가시가 있어서, 어떤 말은 깊숙이 박혀 도무지 빠지지 않는다. 피가 멈추지 않고 흐른다. 어떤 말은 희망을 버리게 한다. 어떤 말은 사람을 죽인다.
그날 나는 체념이라는 단어가 얼마나 가혹하고 잔인한 말인지 알게 되었다. 생소한 단어는 아니지만 평소에 흔하게 쓰이지도 않는 두 음절의 단어, 체념. 정말 사람을 무너뜨릴 수도 있는 끔찍하고 소름 끼치는 말이었다.

체념, 체념, 체념.

집으로 돌아와 그 단어를 곱씹었다. 시어머니의 목소리로 그 단어를 재생하는 동안, 마치 못처럼 박혔다. 탕탕탕, 망치질 소리가 났다.
자신처럼 살라는 의미였다. 그녀의 삶은 체념 그 자

체였다. 자신의 의견을 제안하거나 주장하지 않았다. 발언권이 없었고 나서지 않았다. 가부장의 권위에 언제나 순응했다. 수동적이었다. 가정의 대소사는 가장이 결정했고, 그녀는 그 결정에 따랐다. 체념하는 삶이었다. 그녀의 체념 덕분에 시끄러운 일은 일어나지 않았다.

한 사람이 항상 이기고 다른 한 사람이 계속해서 져야만 유지되는 평화. 이기는 사람과 지는 사람이 시작부터 정해진 시시하고 지긋지긋한 게임. 시어머니는 나에게도 그러라 권유했다. 시어머니처럼 나도 체념하면 그래, 내 가정도 그녀가 일군 가정처럼 조용할 것이다. 화는 두고두고 내 가슴 속에 쌓이고 곪고 썩고 진물이 날지언정 멀찍이 서서 보기에는 더할 나위 없이 평범한 가정의 모습은 유지할 수 있을 것이다.

시어머니의 말을 듣고 나는 이미 어느 정도 체념을 한 채 지내왔음을 깨달았다. 내가 어찌할 수 없는 부분, 아무리 노력해도 변화하지 않는 것들, 차갑게 식은 마음, 나는 이미 너무도 많은 것들을 기대하고 있지 않았다. 그런데 남은 것들마저 체념하라고 말했다. 이미 포기하고 내 손에 쥔 것이 얼마 남지도 않았는데, 가까이에서 가장 많이 본 사람의 입에서 그 끔찍한 말이 나왔다. 마지막까지 손에 쥐고 있던 것마저 탈탈 털어버리고 체념하기엔 내게 남은 날이 많았다. 그 많은 날을 고작 체념 따위로 채우며 살 수는 없었다.

고작 체념 따위를 권유하다니. 순식간에 마음이 차가워졌다. 대놓고 폭언을 퍼부었던 시아버지보다 고요한 표정으로 '자, 우리 함께 체념을 하자.'라고 한 시어머니에게서 더 큰 치명상을 입었다. 시아버지의 막말은 죽을 만큼은 아니고 죽고 싶다는 생각이 들 정도였는데 시어머니가 짧게 내뱉은 한마디에 나는 그 자리에서 죽었다. 그 말을 듣기 전의 나는 죽었다. 이제 없다.

내가 아무리 전을 부친들, 시어머니를 측은하게 여기든, 애써서 무슨 노력을 하든, 발악하듯 내 마음을 알아달라고 울부짖든, 그녀가 절대 내 편이 될 수 없다는 사실을 깨달았다. 그리고 그녀에 대한 연민을 접었다. 나는 그녀를 더는 보고 싶지 않았다. 더는 전을 부치고 싶지 않았다. 더는 설날 아침 그녀에게 '건강하게 오래오래 사시라' 마음에도 없는 의례적인 말을 하며 절을 하고 싶지 않았다.

나를 좀 이해해 달라거나 인정해 달라거나 내가 그동안 해온 노력과 성과를 조목조목 늘어놓으며 내 편이 되어달라 했던 아우성도 멈췄다
다음 명절부터 나는 시가에 발을 끊었다. 처음엔 동서들이 와서 가자고 팔을 끌었는데 거절했다. 체념하지 않은 나는 전을 부치지 않는 명절 연휴에 조용한 이층 카페에 가서 책을 읽고 글을 쓰고 작가가 되었다.

가끔은 그런 생각을 한다. 그녀가 먼저 체념 대신 저항을 선택했다면 어땠을까. 부당한 일은 부당하다고 하거나 자신의 의견이 더 옳다고 생각이 되면 끝까지 목소리를 내었더라면 어땠을까. 작은 것부터 변화시켰더라면, 여자에게도 목소리가 있다고 같이 연대했더라면, 그러면 내 싸움이 좀 덜 힘들었을까.
아니다, 부질없는 생각이다. 누구나 스스로 선택한다. 체념할지 저항할지 그래서 무엇을 잃고 무엇을 얻을 것인지. 나는 무엇을 잃고 대신 무엇을 얻게 될지 분명히 알고 있다. 앞으로 무엇을 더 잃을 것이며 무엇을 더 갖게 될 것인지도 알 것 같다. 내가 얻은 가장 큰 것은 '나'로 다시 살게 되었다는 것, 그러니 내 선택에 대한 후회는 전혀 없다.

체념?
안 하겠습니다.

## 우리, 마쓰야마에서 산책할래?

25년 차 간호사인 친구가 퇴사를 앞두고 있다. 반년 정도 즐거운 백수로 지내다가 재취업을 할 예정이다. 친구는 직장에 다니느라 못했던 것들을 실컷 하고 싶다고 했다. 그중 한 가지가 여행을 많이 할 것이란다.

그럼, 우리 둘이서 해외로 자유여행을 떠나볼까?

농담처럼 툭 던진 나의 제안을 친구가 흔쾌히 받아들여 아줌마 둘이 떠나는 첫 자유여행 프로젝트가 시작되었다.

물론 여행이 처음은 아니다. 자유여행도 다녀왔다.

그러나 동행이 주로 가족이기도 했고 가이드 깃발만 따라다니기만 하면 되는 패키지여행이었으며 이미 경험했던 자유여행은 젊고 용감한 딸의 주도하에 거의 패키지여행 수준으로 따라다닌 것이 전부. 그러니까 비행기 티케팅은 물론, 교통이 편리한 곳에 숙소를 예약하고 이동 거리를 계산해서 맛집과 카페와 관광지를 넣은 일정표를 짜는 거 전부 다 따님의 몫. 길을 찾다가 잘못 들었을 때 다시 길을 찾는 것도 전부 따님의 몫.

어, 이 길이 아니네. 가만 있어 보자. 어디부터 길을 잘못 들었지. 그래 바로 전 사거리였네. 엄마. 이쪽이 아니라 저쪽이야.

태평하게 길가에 핀 꽃 한 송이에 감탄하고 지나다니는 사람들을 구경하고 가게 안의 소품들을 기웃거리던 엄마는, 그제야 아, 그러니 하며 딸의 뒤를 쫄래쫄래 따르는 식이다. (그동안 고생했던 딸들에게 사과를 전한다. 미안, 엄마들이 잘못했네, 잘못했어)

온라인에서 친해져서 오프라인에서의 만남이 이루어졌고 이젠 제일 자주 만나는 사이가 된 친구와 나는 공통점이 많다.

MBTI는 INFP, 그중에서도 소문자 i, 싸움에서는 언제나 지는 편, 하고 싶은 말 못 하고 꾹 참고 마음에 담아두는 편, 다행스럽게도 각자에게는 야무진 딸이 있음. 시기적으로 겹치진 않았으나 내가 오래 살았던 집 근처의 병원에서 그녀는 근무했었고, 내 딸이 다닌 학교의 선배였으며 무엇보다 글쓰기와 그림을 사랑한다는 취향까지 비슷했다.

웃기고도 슬픈 건, 살림하고 돈 벌고 아이들 키우며 치열하게 사느라 언제 먹었는지도 모르는 사이 나이를 실컷 잡순 낼모레 환갑이라는 것까지 같다.

더 웃기고 더 슬픈, 그야말로 웃픈 공통점이 있었으니, 바로 둘 다 남의 편이 없다. 있었는데 이제 없다. 누군가를 만나 자연스럽게 하게 되는 질문, 호구조사를 묻고 답할 땐 분명 가족관계에 있던 그들이 우리 인생에서 사라졌다. 모르던 우리가 만나 친구가 되는 동안, 친구는 사별했고 나는 이혼(소송). 이런 걸 도플갱어라고 해야 하나. 뭘 이런 것까지 비슷하냐고요. 현실의 삶이 더 소설 같고 드라마 같다는 것을 살면서 알게 되기도 한다. 우연과 막장과 클리셰가 난무하는.

대화와 조율을 거듭한 뒤, 우리의 여행지는 일본의 소도시 마쓰야마로 정해졌다. 비교적 치안 상태가 안전하고 가까운 비행거리와 우리나라와 비슷한 점이 많아서 느끼는 편안함, 복잡한 대도시보다는 한적한 곳을 슬렁슬렁 걷고 싶다며 알아보다 발견한 곳이 마쓰야마.

심지어 우리는 여행을 위해 여행을 떠난 엉뚱함도 비슷했다.
목적지만 정한 상태에서 통화를 하다 만나서 세부적인 계획을 짜자는 말이 오가던 중, 그럼 우리 일박하며 논의하자. 좋다. 어디가 좋을까. 이왕 일박할 거면 서울 말고 다른 데 가자. 바다 가고 싶다. 오케이. 그럼 기차 타고 강릉 가자. 돈을 더 지불하더라도 바다를 볼 수 있는 숙소가 좋겠다. 찬성.
그리하여 생애 최초의 비행기 티켓팅과 생애 최초의 해외 숙소 예약하기라는 역사적인 순간은 강릉 강문 해변 앞 숙소에서 이루어졌다. 꽤 성공적으로. 여행 23일 전이었다.

뒤돌아서면 머릿속이 하얘지는 낼모레 환갑 둘은 드디어 생애 최초의 비행기 티켓 구매에 도전했다. 새로고침과 삭제와 취소와 다시 예약하기를 반복하면서. 든든한 딸 뒤를 열심히 따라다닌 것에 얼마간 학습이 되어서인지 역과 가까운 곳에 숙소까지 예약을 마쳤다. 3박 4일 일정인데 둘째 날은 기차를 타고 근교의 시골에 갈 것이고 셋째 날은 도고온천에 가기로 했다.
가장 큰 미션을 완수하고 다음 단계로 넘어가듯 우리는 세부적인 준비를 시작했다.
비행기 티켓 클리어, 숙소 클리어, 여행자 보험 클리어, 환전 클리어, 그리고 해외 로밍도 해야 하고, 그런데 공항에서부터 헤맬 텐데 어쩌나, 나도 못 믿겠고 친구도 못 믿겠다. 괜히 항공사 사이트에 들어가 예약 상태를 확인해 보고, 여권을 꺼내, 날짜를 확인하고를 반복했다.
떠나기도 전에 시작된 긴장과 불안을 어쩌나. 걱정 인형이 열 개쯤 필요한 나는 걱정을 가라앉히기 위해 자신을 토닥이며 괜찮다고 달래야 했다.

드디어 떠나기 5일 전.

이제 서둘러야 할 일은 미리 싸놓은 여행 가방에 빠진 것이 없는지 확인하고 여권 잘 챙기고 집에 떨궈

놓은 식구들 먹으라고 카레도 한 솥 끓여야 한다.
혼자였다면 떠날 용기가 생겼을까. 조금씩 어설픈 둘이지만 함께여서 든든하다. 비록 우리는 모든 것이 다 처음이라 어쩌면 시간이 오래 걸리고 느닷없이 닥친 일 앞에 머뭇거릴지도 모른다. 그런데 좀 헤매면 어때, 둘이 손 꼭 붙들고 다니다가 길을 잃으면 멈춰서 지도를 펼칠 것이다. 우리가 서 있는 길과 우리가 가야 할 길을 발견할 것이다.

야호! 소심이 아줌마 둘이 마쓰야마로 산책하러 간다.

## 가깝고 먼

여행을 통해 새롭게 알게 되는 것 중 한 가지는, 동행인에 대해서일 것이다. 친하다고 생각했던 이의 낯선 모습을 마주하며 이해와 공감이 깊어지기도 하고 새삼스레 놀라워한다. 함께 하는 시간을 통해 그와 나는 다르다는 것을 알아차리게 된다.

그래서 우리는 때로는 가깝고 때로는 멀다.

친구와 나는 공통점이 많아 가까워졌다. 그리고 편한 사이가 된 이후에는 다른 점을 발견하며 인정하고 받아들이는 중이다. 우리가 이런 습관이나 이런 생각까지 비슷하구나! 신기해했다가 너와 나는 이렇게 가치관이 다르구나! 깨닫는 순간들. 한강을 사이에 두고 동쪽과 서쪽에 살았던 물리적인 거리만큼이나 먼 생각의 거리.

같은 공간에 머물며 같은 일정을 소화하는 여행을 하며 그가 실은 나와 크게 다른 사람임을 더욱 빠르게 알아차리게 되는 것 같다. 그래서 SNS에는 여행을 함께 떠났던 이들이 여행에서 다녀온 후 손절했다거나 손절당했다는 후기가 종종 올라온다.

우리의 다른 점 중 하나는 나보다 친구가 더 남의 눈치를 본다는 것, 타인이나 다른 생명에 대한 태도가 의심 없이 따듯하다는 것. 반면에 나는 친구보다는 남의 눈치를 덜 보고 그래서 종종 충돌하고 타인이나 다른 생명에게 어느 정도 거리를 두고 의심하는 편이다. 그러니까 관계에 있어서는 친구보다 내가 훨씬 더 까탈스러운 편이랄까. 그래서일까. 여행 전, 친구는 여행 다녀온 후, 자신이 손절당하는 거 아니냐고 했다. 그 말에 깔깔 웃긴 웃었는데. 친구의 말이 어쩐지 진지하게 들리는 것이다.

그거 농담이지? 친구야. 물론 내가 거듭된 전투로 쌈

닭이 된 것은 인정. 그렇지만 아무나 막 물지 않아요.

마쓰야마에 있는 나흘 동안, 나는 총 여섯 시간을 잤다. 그중, 하루는 아예 밤을 꼬박 새웠다. 낮게 코를 고는 친구 옆에서 나는 창밖으로 점점 밝아오는 새벽을 맞았다. 본인의 잘못도 아닌데 잠에서 깬 친구는 불면의 밤을 보낸 내게 괜스레 미안해했다.

지금 막 건물이 흔들렸어. 어제 새벽에도 화장실 다녀올 때 약간 현기증을 느꼈는데, 지금 또 그러네. 너도 느껴지지?
잘 모르겠는데.
아니야, 분명히 흔들려. 가만히 앉아서 집중해봐.
네 말을 들으니 흔들리는 것 같기도 하다.

친구는 느끼지 못한 건물의 미세한 흔들림을 인지할 정도로 극한의 예민함을 지닌 나는 못 자고 못 쌌다. 불면에 대한 고민을 얘기하다가 내 괄약근은 힘 조절에 실패하고 방귀를 크게 뀌었다. 졸지에 방귀를 트게 되어 민망해진 나는 3일째 화장실도 못 가고 있다고 실토했다. 그러자 친구는 갑자기 이불 위로 퍽 엎어지더니 어깨가 마구 떨리기 시작했다. 뜬금없이 얘가 왜 우는 건가 싶었는데, 실은 우는 것이 아니라 숨이 넘어가게 웃는 중이었다. 친구에게는 일단 터진 웃음은 절대 참지 못하는 불치병이 있었고 나는 그날 그녀의 웃음 병에 대해 처음 알게 되었다. 마침내 웃음이 잦아들고 털어놓은 친구의 고백.

난 잘 먹고 잘 자고 심지어 잘 싸.

나는 깨달았다. 우리는 조금 비슷하고 아주 많이 달랐다.
나는 예민함의 끝판왕이었으며, 친구는 무던함의 끝판왕이었다. 친구는 힘든 일이 있었을 때, 그 곤경을 이겨낼 수 있던 것도 잠은 잘 잤기 때문이라고 했다. 문제가 생기면 그 문제에 골똘하고 가지를 치고 새로운 문제와 걱정에 기어이 밤을 새우는 나와 상당히 달랐던 것이다.

계획과 완벽하게 다르게 보낸 2일 차 밤, 우리는 마주 앉아 3일째 일정을 의논했다. 이번 여행을 통해 내가 친구에 대해 새롭게 알게 된 것은, 둘 다 바다를 좋아하지만, 친구는 나보다 백 배쯤은 더 바다를 사랑한다는 것. 시모나다를 못 가게 된 아쉬움 때문에 차선책으로 갈 수 있는 바다를, 없다면 강이나 작은 개울이라도 가고 싶다며 검색을 계속하는 친구를 보며 알았다. 잘 준비를 마치고 불을 끄기 전, 완성된 우리의 계획은 이러하다.

1. 마쓰야마 전망 공원에 올라가서 멀리 보이는 바다 보기
2. 마쓰야마 성에 가서 한국인 무료 쿠폰으로 리프트 타기
3. 오카이도 상점가에서 어제 휴무라서 못 먹은 한식 먹기
4. 마쓰야마 낚시 공원에서 일몰 보기(친구가 찾은 바다)

그 밤이 바로 내가 꼬박 새운 바로 그 밤이다. 잘 자는 친구는 10시만 되면 졸려 했는데, 내가 1시까지 취침 금지라고 경고했기에 졸음을 참으며 수다를 떨던 그녀는 '자, 이제 1시가 넘었으니 자도 돼.'라고 수면을 허락받은 후 곧바로 잠들었다. 그리고 나는 눈알을 이리저리 굴리며 오만 짓과 오만 생각을 시작했다.
야심한 밤, 심각한 표정의 한 여자가 평온하게 잠든

다른 여자의 침대 주위를 서성인다. 공포영화의 한 장면이 떠오르지 않는가.

파랗게 날이 개어올 무렵, 숙면한 친구가 기상했다. 잠도 덜 깬 그녀에게 대뜸 오늘 일정을 조금 조정하자고 했다. 한밤중에 했던 오만 생각의 결과였다.

1. 오전 시간은 각자 혼자만의 시간을 갖기
2. 오카이도 상점가 입구에서 만나 한식 먹기
3. 그리고 낚시공원 말고 간이역인 바이신지 역에 가서 일몰 보기(마침, 운행을 재개한 노선이 있었고, 원래 가기로 했던 시모나다 역과 반대편에 덜 알려졌지만, 바다를 볼 수 있는 역이 한 군데 더 있었다)

7시에 조식을 먹고 숙소로 올라가 커피를 마시며 뒹굴다가 10시가 되기 전, 우리는 호텔 앞에서 헤어졌다. 친구는 마쓰야마 전망 공원으로 가서 바다를 볼 것이고 나는 전날, 전차 창밖으로 봤던 주택가를 산책할 것이다. 서로 선택한 길을 걷는 동안, 우리는 연락하지 않았다. 어느 길을 어떻게 걷고 있는지 묻지 않았.

그렇게 각자 혼자만의 여행을 즐긴 다음, 우리는 점심을 먹기 위해 오카이도 상점가 입구에서 만났다.

낯선 번화가에서 수많은 사람 중, 저 멀리 있는 사람을 다른 한 사람이 바로 발견하는 것은 얼마나 신기하고 다정한 일인가. 이윽고 서로의 거리가 손을 잡을 만큼 가까워질 때 얼마나 반갑고 정다운 일인가.
같이 떠난 여행에서 우리는 다른 시간과 기억을 한 조각씩 품고 돌아왔다. 그것은 각자의 사진첩 속에 고스란히 남아있다. 친구의 사진첩 속에 있던 것은 산과 멀리 보이는 바다와 알록달록한 지붕들. 내 사진첩 속에는 지붕 아래 창문과 현관, 현관 앞의 화분들, 짱구 엄마가 문을 열고 나올 것 같은 마당이 있는 아담한 이층집.

그리고 마침내 마주했던 넓고 푸른 바다. 바이신지 역에 기차가 멈추고 문이 열리자마자, "와, 바다다!"를 자랑스러운 한국어로 크게 외치며 뛰어나간 두 명의 아줌마. 기관사가 우리를 향해 뛰어오는 것도 몰랐다. 중년의 여자 둘은 바다를 향해 질주하고 제복을 입은 청년이 그 뒤를 열심히 뛴다. 이건 어느 장르의 영화 클리셰일까. 범죄도 아니고 액션도 아니고 스릴러는 더더욱 아니고 이건 그냥 코미디이다. 주인공인 내가 지금 생각해도 웃음이 나오니 말이다.

우리가 내린 곳은 작은 역사 하나만 덩그러니 있는 간이역이었고, 역에 상주하는 직원이 없다. 그래서 기차표는 기차에서 내리기 전에, 기관사에게 직접 내는 방식이었다. 일본에서 기차 처음 타 보는 우리는 정말 몰랐지. 기차 운전하다 말고 한국인 아줌마 잡으러 뛴 젊은이, 고멘나사이. 당황해서 가방에서 기차표를 찾느라 허둥지둥하는 아줌마들에게 화 안 내고 웃으며 기다려줘서 아리가또 고자이마스.

아름다운 바다 앞에서 함께 그 아름다움을 공감할 동행이 있어서 좋았다. 말하지 않아도 그 순간 마음이 어떤 색으로 물들었을지 알 수 있었다. 친구는 일몰을 보고 싶어 했고, 우린 해가 지기를 기다렸다. 그런데 날은 춥고 역사는 닫혀 있고, 그 앞에 보기만 해도 목구멍이 얼 것 같은 음료 자판기만 정상적으로 작동하고 있었다. 심지어 가까이에 있는 유일한 실내 공간은 일찍 영업을 종료했으며 추위를 피할 곳이 전혀 없었다. 아무리 몸을 움직여도 차가워진 몸에 온기는 돌지 않았다. 얼른 따듯한 곳으로 들어가고 싶었다. 그런데 차마 친구에게 그만 돌아가자고 하지 못했다.

나는 그날 오전, 친구가 길치인 것을 뻔히 알면서 혼자 가라며 등 떠밀었던 것이 영 미안했다. 그래서 일

물을 포기하자는 말은 못 했다. 추위를 견디며 기다렸지만, 일몰은 결국 볼 수 없었다. 날은 흐렸고 구름 뒤로 숨은 해는 끝끝내 나오지 않았다.
그래도 아쉽지 않다. 언제 보아도 아름다운 바다를 보았으니까. 바다와 마주 선 채 좋아하는 친구의 옆모습을 보았으니까.

여행의 동행과 모든 일정을 같이 해야 할까. 그게 당연한 여행 방식일까. 함께 가서 따로 노는 건 이상한 걸까. 당연하지 않은 것일까. 아니지, 당연하지 않으면 또 어때.
나는 머물러 있을 때도 떠날 때도 혼자이면서 함께이고 싶다. 함께 있다가 종종 혼자만의 방에 들어가 쉬고 싶다. 그럴 때 밖으로 나올 힘이 충전된다. 나는 그냥 그렇게 생긴 사람이다. 내가 들어가 숨는 혼자만의 방은 너무 커서 어떤 사람은 내게 벽이 느껴진다고 했고, 어떤 사람은 내가 차갑다고 했다. 이해받지 못할 때 종종 마음을 다친다. 삶은, 여행은, 관계 때문에 항상 어렵다. 같이 걷고도 싶고 혼자 걷고도 싶은 마음이 충돌한다.
나중에 친구는 각자 시간을 보내자는 내 말이 신경 쓰였다고 했다. 그렇지만 서서히 자신과 다른 나를 이해했을 것이다. 예상치 못하게 혼자 보낸 그 시간이 친구에게 헛되었을까. 매정하게 돌아선 나를 야속해하며 보냈을까. 그렇지 않았을 것이다. 낯선 길을 혼자 산책했던 시간이 친구에게도 자신의 방으로 숨는 순간이었을 것이고 자신의 목소리를 들을 수 있었을 것이며 소중했을 거라 믿는다. 물론 처음 혼자였던 길 위에서 조금 두려웠을 것이다. 두려운 마음을 이기며 처음 가 보는 길을 걸었을 것이다.

나는 앞으로도 여행을 떠날 것이고, 혼자 떠날 때도 있겠지만 더 많은 경우 동행이 있을 것이다. 혼자 여행이 필요한 시기도 오겠지만, 역시 누군가와 더불어 풍경을 보고 싶다. 좀 더 가까이에서 서로의 목소리에 귀를 기울이는 여행은 즐겁다. 함께 하는 여정에서 너와 나의 같음과 다름을 알아채고 그것을 인정하며 길 위를 함께 걷는 순간을 즐길 것이다. 노래를 부르듯 춤을 추듯 낯선 시간과 공간을 물고기처럼 유영하며 그 순간을 느낄 것이다.
우리가 이렇듯 가깝고 또 먼 사이임을 알아채는 것, 그 경험을 통해 관계가 성숙해지는 것은 여행의 또 다른 즐거움이기도 하다.

## 우리는 길을 잃고 길을 찾지

함께 자유여행을 하기로 의기투합하고 우리가 갈 곳이 정해졌다. 우리가 아무리 둘 다 무 계획형 인간, 소극적이고 수동적으로 외향인의 뒤를 쫄쫄 따라다니는 내향인이지만, 대략적인 계획은 세워야 여행지에서 허둥거리지 않고 시간을 알차게 보낼 수 있는 거 아닌가 생각했다.

친구는 아직 퇴사 전이었고, 오후 6시까지는 회사에 매여 있는지라 시간적인 여유가 있는 내가 일정을 짜고 가고 싶은 곳과 교통편, 여행에 필요한 정보를 검색해서 공유했다. 그러면 친구가 보고 더 괜찮은 곳이나 다른 방법, 추가할 일정 등을 보충하는 식이었다.

심지어 나는 공항에 도착해서 뭘 해야 하는지 순서조차 가물가물해서 공항에 도착해서 해야 할 일들을 번호 순서대로 적어 가며 미리 연습하기도 했다. 체크인을 먼저 하고 다음에 출국심사를 하고 면세구역으로 무사히 넘어가면 비행기를 탈 구역으로 이동한다. 공항에 도착해서 첫 번째 코스인 셀프체크인을 완료한 후의 감격이라니. 빨리빨리! 사진 찍어. 우리는 출력된 비행기표를 들고 셀프체크인 기기 앞에서 인증사진을 남겼다. 뭐야, 너무 쉽잖아. 괜히 쫄았네.
촌티가 흘러넘치는 우리의 모습을 목격하신 분 계신다면 부디 기억에서 지워주소서.

여행 전, 친구는 딸에게서 들은 조언을 전했다. 엄마와 딸 사이가 완벽하게 바뀐 거 아니냐 내가 놀렸던 것처럼 친구의 딸은 먼길 떠나는 자신의 엄마를 마치 물가에 내놓은 '딸'처럼 걱정했다. 여행은 원래 계획대로 되는 게 아니니까 속상해하지 말고.
그렇지. 여행은 원래 계획대로 되는 건 아니지, 암요 그렇고 말고요.

그런데 설마 그게 아니라 여행은 원래 처음부터 계획대로 되지 않는 거였던가. 아니면 애초에 소심이 아줌마 둘이서 떠난 우당탕퉁탕 첫 자유여행이라고 이 여행의 주제를 정해버렸기 때문인가.
여행이 시작되고 계획은 처음부터 틀어졌다. 비행기 탑승까지는 매우 자연스러웠다. 초보가 아닌 것처럼 태연했다. 그리고.

비행기에서 내린 직후부터 우리는 허둥거리기 시작했다. 입국신고서와 세관신고서 작성에서부터. 우리는 빠른 입국을 위해 작성할 내용을 미리 적어 오는 계획성 있는 인간들 아니었던가. 결국 우리는 가장 늦게 출국장을 빠져나온 두 사람이 되었다. 그리고 한국인 전용 셔틀버스가 정차한 곳까지 전력 질주했다. 그러니까 내가 미리 계획했던 일정표의 '우아하게 출국장 빠져나오기'는 실패.
3박 4일 일정의 첫날, 친구는 총 여섯 가지의 사고를 쳤는데, 그 밤 숙소에서 내가 내민 공책에 그녀는 순순히 진술서를 작성했다. 되게 많은 것 같은데 여섯 개밖에 안 되는 게 이상해서 둘이 갸우뚱했다.
하이라이트는 친구가 한 벌 뿐인 겉옷을 마쓰야마 공항 어딘가에 두고 표표히 빠져나왔다는 것, 우리나라 초봄 날씨라던 마쓰야마인데 하필 우리가 여행을 한 시기에 추위가 찾아왔고 폭설과 바람이 불었고 체감

기온은 영하 6도였다(다음날 가지고 온 모든 옷을 껴입고 뚠뚠이로 변신해서 돌아다니던 친구의 사진은 두고두고 그녀의 흑역사가 될 것이다. 그리고 내겐 두고두고 그녀를 놀려먹을 일화가 될 것이다).

우리에게 가장 큰 실망과 좌절과 상심을 안긴 것은 2일째 일정이었다. 나는 2일째 일정을 짜며 영혼까지 갈아 넣었다. 우치코와 오즈와 시모나다를 어떻게 이동하고 얼마나 머물 것인가, 계획을 세우고 변경하고 변경하며 이미 그곳을 여러 번 다녀온 사람이 된 것 같았다. 기차 좋아하고 기차 밖으로 보이는 풍경 좋아하는 우리 여행의 하이라이트였으며 우리의 인생샷은 모두 이곳에서 건질 것이라 기대했었다.
여행 블로거들의 포스팅을 보며 공부한 대로 배낭에 간식까지 야무지게 챙기고, 드로잉 북과 책, 우산까지 넣어서 우리는 마쓰야먀역까지 씩씩하게 걸었다. 비록 이것저것 쑤셔 넣은 가방 때문에 츨발 직후부터 어깨가 아팠지만, 한적한 시골에서 우리는 느긋하게 시간을 보낼 것이 분명했다.

마쓰야마역과 마쓰야마시역을 헷갈리지 말라는 조언도 잊지 않고 제대로 잘 찾아갔더랬다. 그런데 하필

이면 그날 몇십 년만에 폭설이 내렸으며 더 내릴 예정이며 그로 인해 모든 기차는 운행을 중지했다는 말을 역무원에게 들었다. 영어와 일어와 손짓과 표정으로 나눈 대화로 우리가 얻은 정보다.

나는 고즈넉한 우치코와 오즈에 가고 싶었다. 영화 <센과 치히로의 행방불명> 중에서 치히로와 가오나시가 물 위에 길게 뻗은 철로를 따라 기차를 타고 가는, 내 최애 장면의 모티브가 된 시모나다에 반드시 가고 싶었다. 그곳에서 일몰을 보고 싶었다. 시모나다는 2일 차와 3일 차 두 번 갈 예정이었다. 생각만으로도 설렜다. 기차를 탈 수 없다는 예상치 못한 상황에 오전 10시, 낯선 곳의 낯선 기차역에서 그만 얼어 붙어 버렸다.

마쓰야마에서의 마지막 밤, 각자의 침대에서 뒹굴뒹굴하며 우리는 여행에 대한 소감을 나누었다. 둘이 격하게 공감한 한 가지는 '어쩌면 이렇듯 완벽하게 처음 계획과 틀어질 수가 있나' 이다.

그래서 여행이 실패냐 하면 절대 아니다. 우리는 다른 방법을 찾았고, 어설프지만, 새로운 시도를 했고, 그 쉽다는 구글맵을 보면서도 헤맸지만 결국 길을 찾았다. 멈춰버린 기차 앞에서 당황했지만, 우리는 다른 방법을 찾았고 결과적으로 그날도 그다음 날도 잘 놀고 잘 먹었다. 3일째 되는 날 우리는 헤매지 않았다. 구글맵을 켜지 않고 숙소로 돌아왔다, 숙소를 가운데 두고 어느 쪽으로 가면 마쓰야마 역인지, 어느 쪽으로 가면 편의점이 있고 상점가가 있는지 잘 알 수 있었다. 유명하다는 맛집 앞에 줄 서서 먹지 않고 우연히 발견했던 식당은 입에 맞았고, 평소 우동을 먹지 않는다던 친구는 우동을 두 번 먹었다.

폭풍 검색해서 알아본 효율적이고 합리적인 정보지만 그대로 따라 했다면 이만큼 의미 있는 시간은 아니었을 것이다. 그것을 계획과 완벽하게 틀어진 이번 여행을 통해 다시 깨닫는다. 계획대로 일정을 마쳤더라도 이런 성취감과 자신감을 느끼게 되었을까. 계획했던 일정은 다른 이들의 발자국 그대로 따라 딛는 것이었다. 그들이 사 온 기념품을 사고 그들이 갔던 음식점 앞에 줄을 서고 그들이 관람한 관광지를 관람하는 것이었다.
처음부터 틀어졌던 여행이었기에 누군가 이미 만들어 놓은 길이 아닌 우리만의 길을 찾아 산책할 수 있었다.
어쩐지 마음속에 작은 용기가 들어앉은 것만 같았다.

이제 나는 더 먼 곳에서 길을 잃더라도 새로운 길을 찾아낼 것이다. 그 길을 처음 걷는 산책자일지라도 두려워하지 않을 것이다.

## 모르는 여자들

혼자 여행을 다녀왔다.
이사 후, 몇 차례의 혼자 여행 경험이 있다. 하고 싶은 일 중에 혼자 떠나는 여행도 있었다. 여전히 해외는 혼자가 두렵지만 국내는 씩씩하게 다닐 수 있다. 그런 내가 꽤 마음에 든다. 지금처럼 자기 자신을 생긴 그대로 인정하고 받아들이고 마음에 들었던 적이 언제였었나. 늘 재능이 부족하다고 최선을 다하지 않는다고 하다못해 외모에 대해서까지 자기 비하를 거침없이 하고 자신을 엄격하게 몰아붙였지. 남을 미워하는 것보다 나를 미워하는 것이 더 쉬웠다. 나는 나한테 매몰차게 굴었다.

관광 가이드의 인솔하에 정해진 일정을 다니는 패키지여행이었다. 지역의 관광 보조금 지원으로 가격이 저렴한 대신, 낯선 사람들과 같은 숙소에서 지내야 하는 상품이었다. 패키지여행을 혼자 다녀오겠다고 신청하다니 어디서 그런 용기가 나왔을까. 물론 여성 전용 여행이라는 상품의 특성 때문에 갖게 된 안도감도 있었다. '난 괜찮아'를 외치고 있지만, 다정한 커플 사이에서 '나는 솔로'라고 광고하고 다니는 건 못하겠다.

모이는 장소에 도착하니 함께 떠날 인원은 서른 명 남짓. 서울에서 버스를 이용해 도착한 후 지역의 유적지와 관광지를 돌고, 체험도 한다. 세 번의 식사가 포함되었는데 예상보다 잘 차려져서 맛있게 먹었다.

버스가 서울을 벗어나 고속도로를 달리다 휴게소에 들르는 시간 동안, 대부분 동행이 있다는 것을 알 수 있었다. 3대의 모녀가 오기도 했고, 서로 존칭을 쓰는 직장 동료 사이도 있었고 가장 많은 경우는 역시나 친구였다. 가방에서 간식을 꺼내 나눠 먹으며 낮은 목소리로 쉴 새 없이 웃고 떠들던 여자들.

내게는 처음 가보는 지역이기도 했던 전라북도 고창. 이런 기회가 아니었다면 오기는 힘들었을 먼 곳. 버스는 4시간쯤 달려 고창에 도착했다.

혼자 오셨어요?

다음 장소로 이동하기 전, 버스를 기다리며 서성이는 내게 어떤 여자가 다가와 물었다. 나도 그녀가 나처럼 혼자 여행객인 것을 진작에 눈치챘었다. 고속도로 휴게소에서 나처럼 혼자 앉아 국수를 먹던, 나와 나이대가 비슷해 보이는 여자. 패키지여행에 혼자 온 것은 처음이라 하니 그녀는 벌써 여러 차례 다녔다고 했다. 누군가와 함께 여행하기 위해 시간을 맞추고 여행지를 결정하는 과정이 번거롭고 어려워서 혼자 다니기 시작했는데 떠나고 싶을 때 훌쩍 떠날 수 있어서 굉장히 만족스럽다고 했다. 경험자로서의 조언을 듣다가 남은 일정은 함께 하기로 했다.
얼떨결에 내게 여행 짝꿍이 생겼다. 아무리 혼자가 좋다고 해도 짝을 이루어야 하는 일들도 더러 있기 마련이다. 이를테면 식당이나 카페에 갔을 때. 아는 사람끼리 둘러앉은 4인석 탁자에 껴 있을 때 느낄 뻘쭘함은 상상만으로도 불편하다.

어릴 때, 내 어머니와 어머니 또래의 여자들이, 중년과 노년의 여자들이, 모르는 여자들과도 스스럼없이 대화하고 처음 보는 여자를 마치 오래 사귄 친구인 듯 허물없이 대하는 것을 기이하게 생각했다. 때로는 가족의 내밀한 이야기들까지 꺼내놓는 그녀들을 가볍다고 생각했다. 결코 좋은 시선으로 보지 않았다. 시시콜콜한 이야기를 시장 좌판의 여자들에게 털어놓는 어머니에게 화를 낸 적도 있다.

이제 내가 그때의 어머니 나이가 되었다. 그리고 오늘 처음 만난 여자와 나란히 걷고 서로의 사진을 찍어주고 또는 손을 잡고 함께 찍은 사진을 남기고 마주 앉아 밥을 먹었다. 녹차밭 사이에 같이 쪼그려 앉아서 희고 작은 녹차 꽃을 신기해하며 한참을 들여다보았다. 그러기까지 채 두 시간도 걸리지 않았다.
혼자여도 괜찮으리라 생각했지만 불편한 점이 있었고, 다정한 사람들을 보니 나도 친구와 올걸 하고 후회도 했더랬다. 그렇다고 낯가림 심한 내가 모르는 사람과 함께 팀을 이루는 것 역시 불편하지 않을까 걱정했는데 예상외로 편했다. 어쩌면 그건 비슷한 나이대의 사람들이 가진 비슷한 경험들과 그로 인한 공감 때문이었는지도 모른다.

여행에서 최대의 난코스는 잠을 잘 숙소를 배정받는 일이었다. 다섯 명씩 한방을 썼는데, 동행이 있는 이들은 당연히 같은 방을 배정받고, 빈자리에 혼자 여행객이 각각 배정되었다. 친구 사이이거나 동료 사이에 끼는 것도 어색한데 나는 하필 3대가 함께 온 이들과 같이 묵게 되었다. 할머니와 딸과 손녀딸 두 명. 다행히 다락방이 있기에 다락방을 내가 쓰겠다고 자청했다. 가족들과 나란히 누워 자는 것만은 정말 피하고 싶은 그림이기도 했다. 생각해 보니 모르는 사람들과 한 공간에서 화장실을 공유하고 나란히 누워 잤던 경험은 전혀 없다.

그날 밤, 복도에서 마주친 1일 친구는 나의 민망하고 불편한 상황을 이해했고 공동 주방에서 술을 마시며 놀다가 가족들이 잠들고 나서 들어가라고 했다. 초중고를 함께 나오고 결혼 후에도 한동네에 살고 있다는 친구 사이인 두 사람이 자연스럽게 동석해서 모두 네 명이 식탁 앞에 모였다. 제일 가까운 편의점에 가려면 가로등 없이 컴컴한 길을 20분 걸어야 한다는 외진 곳의 숙소여서 숙소 주인에게 술을 부탁했다. 주인은 담금주를 꺼내 왔고 우린 돈을 갹출해서 술값을 냈다. 이름을 묻고 사는 곳을 묻고 나이를 물은 후에,

언니와 동생으로 호칭도 정리되었다. 붉고 달고 독한 복분자술 2리터들이 한 병을 나눠마시며 우리는 취해갔고 취한 김에 자신의 속엣말을 꺼내놓기 시작했다.

누구는 암 환자라고 고백했고 누구는 시모와의 골 깊은 갈등을 얘기했고 누구는 자녀가 장성한 후, 겪는 빈 둥지 증후군에 대해 털어놓았다. 그중 한 명은 간호사였고 누군가의 탈모 고민에 전문가다운 조언을 하기도 했다. 코미디언이 꿈이었다는 누군가의 우스갯소리에 숨이 넘어가도록 웃었다. 돌아가며 자신들의 살아온 서사를 털어놓던 그때,

이제 언니 얘기를 해 봐요.

나이가 들면 스스럼이 없어지는 것이 정말인가. 어떠한 불행도 별거 아닌 것처럼 받아들이게 되는 걸까. 남들의 시선에 대한 두려움, 부끄러움과 창피함 때문에 감추고 싶다는 마음은 사라지는 걸까. 아니면 혀끝에 달아서 평소의 주량보다 더 마셨고 금방 취기가 오르는 독한 술 때문이었을까. 취한 나는 그 자리에서 나는 오랜 친구들에게조차 털어놓기까지 오래 걸렸던 나의 이혼 이야기를 했다. 왜 이혼해야 했는지,

어떤 것들이 견디기 힘들었는지, 지금 이혼 소송이 어디까지 진행되었는지 전부 다.

나는 그 누구에게도 동정받고 싶지 않았다. 나를 가엽게 여기는 것도 바보 취급하는 것도 싫었다. 누가 나의 불행을 보며 자신의 행복에 안도하는 것도 싫었다. 고백하자면 나 역시 그랬으니까. 나를 비켜 간 커다란 불운을 보며 나의 무사함에 안도했으니까. 그래서 털어놓지 못했다. 속에서 곪고 썩고 악취가 날 때까지.

막상 털어놓자 무거운 이야기들은 실은 그다지 무겁지 않았다. 살면서 겪는 불행이기는 하지만 가장 큰 것은 아니었다. 처음 맞닥뜨린 순간엔 거대하게 압도하던 불행도 점차 그 크기가 작아지고 가벼워졌다. 그저 지나가는 일이었고 조금 오래 걸리는 일이었고 행복의 모양이 여러 가지이듯 서로 다른 불행의 한 가지일 뿐이었다.

그건 소리 내어 말한 내게도 그랬고 내가 말하는 동안, 조용히 귀 기울여 들어준 식탁 앞에 모인 여자들에게도 그러했다.

그녀들의 불행도 지나갈 것이고 내 불행도 얼마간의 시간이 흐르면 지나갈 것이다.

우리는 주방에서 늦은 밤까지 이야기를 이어갔고 기

분 좋을 만큼 취해서 숙소로 돌아갔다. 그 밤, 하늘에는 쏟아질 듯 많은 별이 있었고 유성운도 보였다는데 보지 못했다.

다음날 8시에 기상해서 일정대로 몇 군데의 관광지를 들렀고 남도의 판소리 체험을 했고 늦은 오후, 다시 버스를 타고 서울로 출발했다. 중간에 몇 번 버스는 정차했고 사람들은 차례차례 내리기 시작했다. 밤이 늦도록 내밀한 이야기를 주고받던 이들도 손을 흔들며 헤어졌다.

여행지를 함께 돌아다니며 내 휴대폰으로 찍은 사진 몇 장을 하루 친구에게 전송했었다.

일몰의 바닷가를 걷는 그녀를 역광으로 찍은 사진은 특히 아름다웠다. 그 사진이 그녀의 마음에도 들었는지 한동안 그녀의 카카오톡 프사로 설정되어 있었다. 겨울이 지나는 동안, 전화번호는 알지만 서로 연락하지는 않았다. 마침내 연락처를 삭제했고 우리는 다시 모르는 여자들이 되었다.

## 술꾼 도시 여자 둘 그리고 깍두기

술꾼 도시 여자 두 사람과 깍두기 한 사람이 있다. 각 1병씩의 소주를 주문해서 자신의 속도에 따라 잔을 채우는 아름다운 여자 둘과 우아한 그녀들을 보며 경탄하는 고작 생맥주 500cc가 적정 주량인 나. (이야기의 흐름에 따라 별칭을 술꾼 1과 2, 깍두기로 정했을 뿐, 술을 엄청나게 마시는 친구들은 아니니 오해는 마시라)

오늘 술꾼 1과 2, 깍두기는 아차산 근처에 있는 이자카야에서 만났다. 약속 시간에 맞춰 차례로 들어서서 반갑게 인사를 나누었다. 목소리 큰 아줌마 셋이 떠들면 다른 사람들에게 민폐라 안쪽에 있는 구석진 좌석에 자리 잡고 앉아 근황을 묻기에 바빴다. 1월에 보고, 이제 4월. 못 본 사이에 서로에게 있었던 일과 소식들이 안주보다 먼저 탁자 위에 놓였다. 맥주와 하이볼을 주문했다. 안주로 먹을 소고기 전골과 오징어 튀김과 미나리 부침개도 차례로 주문해서 따듯하게 먹었다. 아프시다는 소식을 들었던 친정어머니는 회복하셨는지, 새로 들어간 직장의 분위기는 어떤지. 그리고 60년 가까이 되어서 떠난 첫 자유여행이 어땠는지.
그동안 있었던 일과 그 일을 겪는 동안의 마음, 서로에 대한 공감과 위로의 말들이 그 자리에 있었다.

우리는 도서관에서 함께 근무했던 사이이다. 나이대가 비슷해서 공감되는 부분이 많았기에 처음부터 말은 잘 통했던 것 같다. 어찌나 할 말이 많았던지, 도서관에 이용자들이 없거나 한가한 틈을 타서 속닥속닥 이야기를 주고받았다. 단기 근로자로 근무했던 나의 계약 기간이 끝나 이제 더는 만나지 못하게 되었는데, 술꾼 1이 밖에서 따로 만나자고 했다. 근무 시간에 눈치 보며 나누던 대화로는 부족했던 것. 나와 술꾼 2가 찬성했고, 함께 술을 마시기로 했다.

근무처 밖에서 처음 식사를 했던 날, 초저녁에 만났는데, 정신없이 수다를 떨다 시간을 확인하니 벌써 3시간이 훌쩍 지나 있었다. 사는 곳도 가까워서 모임을 헤어질 때도 마음이 홀가분했다. 동네에 술친구 있는 사람이 그렇게 부럽더니 이제 그 소원이 이루어졌다.

사는 동네가 가깝다 보니 접점도 많다. 술꾼 1이 사는 동네는 깍두기가 열 살 때부터 20대 초반까지 살던 곳이다. 술꾼 1의 딸이 다닌 학교는 내가 졸업한 학교와 같고 술꾼 2와 깍두기의 딸은 고등학교 동문이다.

그 모임이 느슨하게 이어지고 있다. 한 달에 한 번쯤, 때로는 거르기도 하지만, 누군가 우리 만나자 하고 단톡방에 문자를 올리면 빠르게 약속을 잡는다. 집은 가깝고, 저녁 밥상을 차리는 일에서 자유로운 아줌마들이라 번개로 만나는데 거리낌이 없다. 모임은 2차, 3차로 길게 이어지지 않고 1차에서 시작되고 끝난다. 처음에 갔던 술집의 안주가 전부 맛있어서 갈 때마다 새로운 메뉴에 도전하고 함께 시식 평을 나누기도 하고, 집에서 응용 가능한지에 대해서도 이야기했다. 맛을 보며 이 음식에 들어간 재료가 무엇무엇인가, 이런 것도 추측했는데, 흑백요리사까지는 아니더라도 살림 경력이 오래인지라 가능했던 대화였을 것이다. 옥수수를 튀긴 것이 이렇게도 바삭하다니, 튀김옷으로 무엇을 사용했을까, 달고 짠 이 분말은 어떤 것을 섞어 만들었나, 조리법에 대해서도 한참 이야기했다. 물론, 우리는 이제 부엌살림이 재미있을 나이는 이미 지났으며, 먹고 살기 위해 겨우 음식을 만드는 시기로 진입한지라, 외식하며 맛있게 먹은 음식을 응용해서 집에서 만드는 일은 없다.

이제는 말을 편하게 하자. 언니라 부르겠다. 동생이라 불러라. 그러자. 그렇게 약속했지만, 우리가 처음부터 일로 만난 사이인지라 언니, 동생 호칭이 쉽게 나오지는 않는다. 아직은 서로를 쌤이라 부르는 게 익숙하다. 그래서 반말과 존댓말, 언니와 선생님 호칭이 공존한다. 언니쌤이나 동생쌤 같은 신조어가 등장하기도 한다.

이 모임이 왜 편하고 시간은 그렇게 빨리 가나. 모임 약속이 정해지면 즐거운가. 깍두기는 어느 날, 곰곰이 생각해 본 적이 있다. 세 명의 여자가 둘러앉아 세 시간 동안 이야기를 나눈다. 일부러 알람을 켜두고 계산을 한 것도 아닌데, 신기하게도 세 명에게 비슷한 시간의 대화 주도권이 주어진다. 이제 시간 됐어. 다음 술꾼 2가 이야기할 차례야. 이런 것도 아닌데 어떻게 그럴 수가 있었을까. 술꾼 1과 술꾼 2와 깍두기는 공평하게 자신의 이야기를 하고 그 주제에 대해 함께 대화한다. 누구도 소외되지 않는다.

깍두기에게는 그런 경험이 몇 번 있다. 한 사람이 대화의 주도권을 차지하고 다른 사람들은 침묵하는 자리. 심지어 발언 중인 사람의 이야기도 인터셉트해서 자신의 이야기로 옮겨가는 사람과 있으면 급격히 피로감이 몰려온다. 전혀 공감되지 않는 자신의 업적이나 서사, 또는 나는 관심 없는 타인에 대한 서사를 장황하게 늘어놓는 사람과 있으면 얼른 그 자리에서 일어나고 싶다.

누구도 남의 이야기를 듣기만 하는 자리가 유쾌하지는 않을 것이다.


술꾼 1과 술꾼 2 그리고 깍두기 사이의 느슨한 관계는 지금도 이어지고 있다. 처음보다 멀어지지 않았고 급격히 친밀해지지도 않았다. 몇 장에 걸쳐 쓰인 편지가 아닌 여행지에서 보내온 짧은 엽서 같다. 때로는 길게 쓴 글의 무거움보다 간결한 문장이 편안함을 주기도 한다. 복잡하지 않고 산뜻하다.

멀어져서 섭섭하지 않고 너무 가까워서 생기는 오해

와 서운함이 없다. 우리는 서로에게 무례하지 않고 상냥하다.

오늘도 우리는 한 사람이 이야기하면 남은 두 사람은 듣고, 이야기를 마친 사람은 맞은편 사람에게 근황을 물으며 발언할 기회를 넘긴다. 자리는 화기애애하고 술은 달고 음식은 맛있다.
한 사람이 먼저 손을 내밀었고 결이 맞는 사람임을 알아챘기에 가능했던 술꾼 1과 술꾼 2 그리고 깍두기의 모임. 지금 이만큼의 거리에서 다정을 나누는 사이 꽤 괜찮다. 아니 소중하다.

## **애월 바다를 그리다**

아들과 찾은 2월의 제주도는 매서운 바람이 불었다. 3박 4일 동안의 여행은 항상 바람과 함께였다. 택시를 타고 도착한 애월 바다에는 눈발이 날리고 있었고, 옷을 얇게 입은 우리는 추위에 몸을 잔뜩 움츠렸다. 바다를 느긋하게 바라볼 여유도 없이 숙소 안으로 도망쳤다.

나는 여행 가방 안에 스케치북과 오일파스텔을 챙겨왔었다. 많은 곳을 돌아다니지 않고 몇 곳만 다니고 늦게 일어나서 산책하듯 느리게 다니고 돌아와 늦은 밤에는 그림을 그릴 계획이었다. 시간이 많으니 스케치북 한 권쯤은 3일 동안 그린 그림으로 다 채울 것 같았다. 여행을 떠날 때면 습관적으로 책을 한 권 챙겨갔었다. 그리고 그 책은 결국 몇 페이지 읽지도 못한 채 도로 가져왔었다. 짐만 되게 괜히 가져갔다고 후회하면서도 그다음 여행 가방을 쌀 때 고심해서 고른 책을 넣고, 펼쳐보지도 않은 채 그대로 가져오기를 반복했다. 그런 전력이 있던 나는 역시나 스케치북을 펼칠 여유가 없었다.

마지막 날은 오전에 어딘가로 나갔다가 일찍 숙소로 돌아와 뒹굴뒹굴 게으름을 피웠다. 전기장판의 온도를 뜨끈하게 올리고 누워 휴대전화만 들여다보다가 아들에게 나가자고 했다. 그런데 춥고 바람 불고 놀거리는 없는 바닷가 산책이 내키지 않았는지 아들은 숙소에 남겠다고 했다. 그러면 욕조에 따뜻한 물을 받아 목욕도 하고 넷플릭스도 보고 낮잠도 자라고 일렀다. 가방 안에 스케치북과 오일파스텔을 넣어서 숙소를 나왔다.
2월이었고, 날씨는 추웠고, 평일이었으니 상점들은 문을 닫았고 다니는 사람들도 많지 않았다. 갈 만한 카페를 검색해 봤는데 대부분 숙소에서 걸어가기에는 너무 먼 곳에 있었다. 검색을 그만두고 해변을 따라 걷기 시작했다. 그러다 언덕 위에 있는 카페를 발견했다. 바다를 향해 창문이 나 있었다. 그곳도 문을 닫았다면 카페에 가는 것을 단념하고 숙소로 돌아갈 예정이었는데, 맑은 풍경 소리와 함께 문이 열렸다.

주문한 생강차를 들고 좌석이 있는 이층으로 올라갔다. 이층에는 창문 쪽을 향해 나란히 앉은 두 여자가 있었다. 친구 사이인 듯한 중년의 여자들은 작은 목소리로 소곤소곤 대화를 하고 있었다. 이층에 손님은 그녀들뿐이었다. 추운 바닷가를 걷다 들어온 실내는 따듯했고 몸이 녹으며 나른했다. 자리를 잡고 앉아 스케치북을 펼쳤다. 그러고도 한참 동안 창밖을 보았다. 애월의 바다가 내려다보였다. 방파제 끝에는 빨간 지붕을 모자처럼 뒤집어쓴 작은 등대도 보였다. 귀여웠다. 그 바다를 그리기 시작했다.
내내 흐리다가 마침 파랗게 갠 날씨. 하늘은 파랗고 바다는 더욱 파랗다. 연한 파란색과 짙은 파란색과 흰색을 섞어 하늘을 그렸다. 바다는 더 어두운 파란색을 골랐다. 분홍색 오일파스텔로 선을 몇 개 긋고 뭉개 색을 섞이게 하고 보라색과 검은색도 그렇게 했다. 바다의 색이 더욱 다채롭게 보였다.
대화를 나누던 여자들이 자리에서 일어났다. 계단을

내려가려면 내가 앉은 자리를 지나쳐야 했다. 그녀들은 내 앞에서 멈춰 그림을 잘 그린다고 말했다. 화가냐고 묻기에 아니라고 손사래를 치면서 조금 부끄러웠다. 그림을 잘 그린다는 칭찬에는 어쩐지 기분이 좋아져서 그녀들을 올려다보며 크게 웃어버렸다.

이건 오일파스텔이라고 해요.

여자 중 한 명이 그림 그리고 있는 모습이 멋있다며 자신도 그려보고 싶단다. 오일파스텔이 생소하다는 그녀에게 동영상을 보며 따라 그리다 보면 쉽게 배울 수 있으니 꼭 도전해 보라고 했다.
중년이 지나는 여자들의 공통된 특징인 스몰토크가 이어졌다.
제주 어디에 산다고 하는(어디라고 알려주었는데, 그새 잊었다.) 두 사람은 친구 사이가 맞다. 바다를 보러 나들이를 나왔다고 했다. 나는 서울에서 여행을 왔으며 가족은 지금 숙소에 있고 나는 혼자 그림을 그리러 나왔다고 말했다. 나와 그녀들은 잘 가시라 잘 있으라 다정하게 인사를 주고받았다.
제주도민인 그녀들이 떠나고 남은 나는 창밖의 바다와 스케치북 위의 바다를 번갈아 보았다. 방파제 끝에 있는 장난감처럼 작은 빨간색 등대를 파랗게 칠해진 바다 위에 그렸다. 바다는 여전히 다채로운 색으로 가득했다.

## 넙죽 받아먹었다

전철역으로 나를 마중 나온 사람은 절의 살림을 담당하는 보살님이었다. 두 번째로 체험하는 템플스테이. 이번에는 서울 근교에 있는 절로 향했다. 뚜벅이인 내게 대중교통으로 이동 가능한지 여부가 가장 중요하다. 다행히 참여자들을 전철역까지 픽업해 준다고 해서 신청했다.

절은 높고 낮은 산들에 둘러싸인 마을의 산 바로 아래 있었다. 우물 속처럼 마을도 절도 고요했다. 새로 지은 방사는 깨끗하고 쾌적했다. 배정받은 방에 들어가 창문을 열어 바람이 드나들게 했다. 옆으로 누워 산과 하늘을 한참 바라보았다.

경내를 산책했고 벚나무 아래 벤치에 앉아 가져간 책

을 읽었다. 대웅전 처마 밑에 매달린 풍경 소리를 한참 들었다. 이따금씩 새 소리가 들렸는데, 어떤 새인지 알 수 없었다. 넌 누구니. 당연하게도 나무 위에 앉아 울던 새는 대답 없이 다른 나무로 옮겨갔다.

프로그램은 체험형과 휴식형 두 가지로 운영되었다. 명상에 관심이 있던 나는 체험형을 선택했다. 명상은 첫날 오후와 다음 날 오전 두 차례 진행되었다. 어쩐 일인지 이날의 참가자는 나뿐이었다.
낯 가리는 나는 선생님과 둘 뿐인 자리가 조금 민망하지 않을까 내심 걱정했는데 오히려 명상에 더 집중할 수 있었다. 일대일 속성 과외를 받는 것 같기도 하고 상담자와 내담자로 만난 것도 같다. 명상과 명상 사이에는 깊은 대화를 나누었다.
언제나 그렇듯 처음 보는 사람에게 그리고 계속되지 않을 것이 거의 분명한 인연에게 거침없이 날 것의 내 마음을 털어놓는다. 솔직한 마음과 내가 줄곧 고민한 문제, 신념 또는 가치관. 배설하듯 다 쏟아낸 것 같다.
긴 내 이야기를 끊지 않고 경청한 선생님은 내가 미처 발견하지 못했던 나에 대해서, 깊숙한 내면에서 천천히 성장한 또 다른 나에 대해 대화를 이어갔다.

당신은 결코 나약하지 않다고.
당신은 입으로는 자신을 힘이 없다며 한탄하지만 실은 내 속에 있는 강한 나의 존재를 알고 있다고.
당신은 힘이 있다고.
당신은 강한 사람이라고.

오후 7시에 시작한 명상은 2시간이 예정되어 있었으나 10시 가까이 되어서 마쳤다. 선생님은 내게 푹 쉬시라 했다. 정해진 일정표는 다 잊고 그저 푹 쉬었으면 좋겠다고 했다. 1층은 공양간, 2층은 방사, 3층은 스님과 직원들의 거처였다. 그녀는 혹시 무슨 문제가 있으면 연락을 하라 당부한 후, 3층으로 올라갔다.

그야말로 절간이니, 편하게 쉬세요.

조도를 낮춘 전등을 여러 개 켜둔 것을 보며 선생님의 배려가 느껴졌다.
2층에는 나 혼자였다.
이부자리에 엎드려 책을 읽다가 똑바로 누워 휴대폰을 보다가 일어나 펼쳐 놓은 노트북 화면에 문장 몇 개를 띄우기도 하다가 공용 공간으로 나가 긴 복도를 돌아다녔다. 탕비실에 가서 보리차와 커피를 타 마셨다. 이렇게 넓은 공간을 혼자 써 본 일은 처음이다.

2층 현관문은 잠겨 있지 않았다. 방에는 잠금장치도 없었다. 안쪽에서 문이 열리지 않게 괴어 놓는 작은 도구만 있었다. 강한 힘으로 민다면 문은 쉽게 열릴 것이다. 그런데 그런 것들이 신경 쓰이지 않았다.

평소의 나는 겁이 많다. 무서운 존재가 너무 많다. 귀신도 무섭고 도둑도 무섭고 모르는 사람도 무섭다. 문 뒤에서 무언가, 검고 축축하고 차가운 무언가 숨어있을 것 같았다. 아무 일도 일어나지 않는 순간에도 어쩐지 나쁜 일이 와락 덮칠 것 같아서 불안에 떨었다.

그 밤에는 무섭지 않았다. 문 뒤에 나를 공격할 무언가가 있을 것 같다는 두려움도 없었다. 설마 부처님 계신 곳에 귀신이 찾아오겠어, 도둑이 쳐들어오겠어. 그런 마음이었을까.

오로지 평안했다. 사방은 먹먹할 정도로 적요했다. 심심한데 지루하지는 않았다. 나에게 집중하는 명상의 효과였을까. 근심은 내려놓고 나 자신을 애틋하게 바라보던 밤이었다.

다음 날 오전 4시에 시작하는 새벽 예불은 참석하지 않았지만, 첫날 저녁 예불에는 참석했었다. 아무것도 모르지만, 대웅전에 들어가 노스님의 독경 소리를 들었다. 콩과 두부와 된장국만 드신다는 스님은 어디에서 힘이 나오는 걸까. 암송하는 목소리에 힘이 있었다.
삼십여 분쯤 진행된 의식이 끝나고 나오기 전, 스님에게 고개 숙여 합장했다.

행복하십시오.
행복하십시오.

스님은 내 눈을 그윽하게 바라보며 같은 말을 두 번 했다.
나는 그 말을 넙죽 받아먹었다. 네, 그러겠습니다, 꿀꺽. 네, 그러겠습니다. 꿀꺽. 노스님의 축원을 목구멍 깊숙이 삼켰다. 그러자 난 괜찮아졌고 행복해졌다.

스님이 원래 말씀이 없으신데 왜 그러셨을까요.
내 말을 전해 들은 보살님이 고개를 갸우뚱했다.

## 오늘의 재미를 내일로 미루지 않기

믿기지 않겠지만, 이혼 소송을 시작한 최근의 2년간 나는 재미있게 지내고 있다.
믿기지 않겠지만 지금의 일상이 만족스럽고 안온하다. 오랜 시간, 나를 갉아먹던 불안도 사라졌다.
내 상황만 보고 힘들겠다거나 어렵겠다거나 지레짐작하는데 그렇지 않다. 삶이 원래 힘들거나 덜 힘들고를 반복하는 것 아닌가. 그런 정도의 힘듦이 있을 뿐 누군가와 비교해서 더 힘들지 않다.

왜 즐겁고 행복한가 묻는다면 그 이유는 지금 재미있는 일이 많기 때문이다. 재미있는 일에 몰두하다 보니 시간이 빠르게 지나간다. 새로운 경험을 할 기회가 내 앞에 계속 나타난다. 모르는 사람들이 다가와 아는 사람들이 되기도 한다.

이건 어때? 이것도 재미있을 것 같지 않아? 여기 봐, 이런 것도 있어. 이런 새로운 일에 한 번 도전해 보지 않을래?

신기하기도 하지. 예상하지 못한 곳에서 예상하지 못한 사람으로부터 모험을 권유받는다. 모험을 하는 동안, 진심으로 즐기게 되고 그 경험은 어떻게든 나를 성장시킨다.

나를 지칭하던 정체성을 버리고 난 후, 새로운 정체성이 자꾸 늘어간다.

그림을 그리는 나. 글을 쓰는 나. 혼자 여행을 즐기는 나. 구슬로 목걸이나 팔찌를 만드는 나. 당근 온도가 99도인 나. 전자책을 출간한 나. 테슬라와 코카콜라 주식을 모으는 주식 투자가인 나까지. 새로 갖게 된 정체성이 모여 지금의 나로 자라고 있다. 잘하고 있다

지난 30년은 거울을 보지 않고 살았던 삶이다. 내 주위를 둘러싼 사람들만 거울처럼 들여다보며 살았다. 10년 후의 나는, 20년 후의 나는 거울을 보듯 본 내

어머니나 시어머니처럼 나이 들어갈 것이다. 전 시어머니처럼 체념하고 수긍하고 부당함을 받아들이며 가족을 위해 기꺼이 희생하리라. 이런 생각을 붙들고 늙어갔을 것이다. 80살이 넘어서도 자식들의 꼬인 인생이 마치 자신의 잘못이라도 되는 양 전전긍긍하며 살았을 것이다.

내가 처음 보았을 때와 마지막으로 보았을 때, 그녀는 변함없이 재미없어 보였다. 누구의 아내 말고 누구의 엄마나 할머니 말고 그냥 나인 나는 끝내 발견하지 못했다. 처음 보았을 때도 누군가의 시중을 드는 사람이었고, 이따금 전해 듣는 근황 역시 누군가의 시중을 드는 중이었다. 정작 그녀는 누군가의 시중을 돌려받지 못했다. 희생하고 참은 길고 긴 시간 동안, 해왔던 그녀의 일들은 누구도 되갚아주지 않았다. 그녀에게 오랜 시간 돌봄을 받은 누군가는 그녀를 돌보지 않는다. 늙은 나만 남았다. 60년 동안 이어진 돌봄 노동이 이제야 끝난 늙은 그녀는 행복할까. 재미있을까.

나는 누군가를 시중드는 일은 그만하고 싶다. 이제는 나를 돌보고 싶다. 재미있게 살고 싶다. 죽을 때까지 신나고 싶다.

아예 원수가 되어버리기 전, 시어머니에게 나는 사는 것이 너무 힘들다고, 계속 이렇게 살 수는 없다고, 도와 달라고, 당신의 딸이었어도 참으라 할 것이냐고 하소연했다. 본인을 지킬 힘도 없었는데, 남의 딸인 며느리까지 무슨 수로 지킬 수 있었겠나 싶기도 하지만, 나는 그래도 같은 여자인 그녀에게 도와 달라고 했다.

그녀는 어떻게든 문제를 덮으려 했고, 긍정적으로 생각하라는 전혀 도움이 되지 않는 조언만 반복했다. 지금은 힘들지만, 참고 살면 나중에 늙으면 힘들지 않다고 했다. 지금 당장 미워죽겠는 남편과 재미있게 살라고 했다. 자녀들 다 결혼시키고 같이 해외여행 실컷 다니라 했다. 돈 걱정은 하지 말라고 했다. 지금 갈등을 겪는 배우자가 늙으면 좋아진다니 그 말이 전혀 위안이 되지 않았다. 일상에서조차 가치관과 성격이 상극이어서 의견 충돌인 배우자와 여행을 간다면 그 여행에서는 과연 의견이 일치할까. 심지어 나는 시부모가 함께 떠난 여행이 어땠는지 그녀의 푸념을 통해 상세히 들었는데. 듣지 않았더라도 성정을 아는 터라 어떤 상황이 벌어졌을지 불 보듯 뻔한데.

아버지와 닮은 그 아들이라고 다를까. 더군다나 애들을 다 결혼시키고라니. 시부모는 60세 전후로 자녀를 모두 출가시켰으나. 나는 막내가 이제 23살이다. 더군다나 요즘은 비혼이거나 만혼인 추세로 본다면 내가 자식들을 다 출가시키고 나면 70살은 될 것이다. 내 몸도 여기저기 쑤실 나이에 손 하나 까닥 안 하는 남편과 함께 여행하라니.

그녀의 조언대로 버티고 견딘다면 나는 끝내 그녀가 되겠지. 그러고 싶지 않았다. 내가 바꾸기에는 그들이 너무 단단했다. 부딪쳐서 생긴 통증은 고스란히 내 몫이었다. 바꿀 수 없다면 도망도 또 다른 길이 될 수 있다.
그래서 나는 도망쳤다.
실제로 오전 7시에 그야말로 야반도주했다. 줄줄이 사탕처럼 다 큰 자녀 셋까지 꿰차고.

재미있겠다고 생각되는 것들은 지금 한다. 일단 해 보고. 해 봤더니 예상했던 것보다 흥미롭지 않으면 과감히 그만두는 거다. 그리고 또 다른 새로운 재미있는 일을 찾는다. 그 일이 재미있으면 더 한다. 끝까지 가 본다. 지금의 내가 겪는 불행이나 불운을 구석에 치워두고 외면하면 그것들은 더 거대하게 증식한다. 그러니 지금 내게 닥친 불행도 불운도 미루지 말고, 대면해야 할 것이다. 반대로 행복이나 행운 역시 그러하다. 지금 그 행복과 행운을 뒤로 미루지 않을 것이다. 지금 행복하고 지금 행운을 만끽하고 지금 재미있는 일은 당장 시도하는 거다.

이혼 소송이 마무리되면 시작하기로 작정했더라면 나는 또 지금 누렸어야 했을 즐거움을 2년 뒤로 미루었을 것이다(이렇게까지 소송이 길어질 줄은 몰랐다).

언젠가는 행복해질 거야.
언젠가는 재미있는 일을 실컷 해야지.
언젠가는 오로라를 보러 핀란드에 갈 거야.
언젠가는 새로운 공부를 시작할 거야.
언젠가는 이루지 못한 꿈을 꼭 이루어야지.

그 언젠가는 과연 오는 것이 확실한가. 자꾸만 뒤로 미루었다면 지금의 나는 여전히 불행이 진행 중인 채로 자책하며 주저앉아 있을 것이다. 미루지 않기로 한 덕분에 낯선 곳으로 자유여행을 떠났고, 책을 출간했고, 혼자서도 잘 노는 씩씩한 59살이 되었다. 그러니 나는 앞으로도 오늘의 재미를 내일로 미루지 않을 생각이다.

템플스테이를 왔다. 참여자는 나 혼자여서 새로 지은 깨끗한 요사채 2층 전체를 내 집처럼 쓰고 있다. 방에 있다가 답답하면 공용 공간으로 나가 걷다가 들어온다. 바람이 불면 대웅전 처마 아래 매달린 풍경이 울리고 시냇물 소리와 새 소리가 들린다.

멀리 사람들 사는 곳의 불빛도 드문드문 반짝인다. 밤이 더 깊어지자, 불빛들도 차츰 꺼졌지만, 아주 어두워지진 않았다. 어디선가 신호를 보내듯 동그랗고 작은 빛이 반짝인다. 고즈넉한 산사에서의 하룻밤이 지나간다. 그리고 오늘 나의 일기는 '참 재미있었습니다'로 끝이 난다.

# 나는 길을 잃고 길을 찾지

**펴낸날**  초판 1쇄 발행 2025년 7월 7일

**지은이**  함지연
**디자인**  함지연

**펴낸곳**  아삭

**이메일**  hamji5060@hanmail.net
**S N S**  @hamjiyeon7023 (Instagram)

ⓒ 2025. 함지연 all right reserved.

*이 책이 일부 또는 전부를 사용하려면
저작권자의 동의가 있어야 합니다.